GW01607068

rowohlts monographien
begründet von Kurt Kusenberg
herausgegeben
von Wolfgang Müller

Max Reinhardt

mit Selbstzeugnissen
und Bilddokumenten
dargestellt von
Leonhard M. Fiedler

Rowohlt

Dieser Band wurde eigens für «rowohlts monographien» geschrieben
Den Anhang besorgte der Autor
Herausgeber: Kurt Kusenberg · Redaktion: Beate Möhring
Schlußredaktion: K. A. Eberle
Umschlaggestaltung: Werner Rebhuhn
Vorderseite: Max Reinhardt in Leopoldskron (Photo Ellinger, Salzburg)
Rückseite: Max Reinhardt mit den Darstellern von «Der Kaufmann von Venedig». Venedig, 1934 (Istituto per la Ricerca Teatrale, Venedig)

Veröffentlicht im Rowohlt Taschenbuch Verlag GmbH,
Reinbek bei Hamburg, Juli 1975

Gesetzt aus der Linotype-Aldus-Buchschrift
und der Palatino (D. Stempel AG)
Gesamtherstellung Clausen & Bosse, Leck
Printed in Germany
1290-ISBN 3 499 50228 3

4. Auflage 18.–22. Tausend Juni 1994

Inhalt

Max Reinhardt

DER MIME UND DIE NACHWELT

Es ist eine bekannte Tatsache, daß Theater sich in dem verabredeten Moment vollzieht, in dem Darsteller und Publikum einander gegenübertreten. Das Spiel selbst ist das Kunstwerk – und wenn es aus ist, bleiben nur Teile übrig: ein Text, eine Dekoration, die Schauspieler, eine Erkenntnis oder eine Empfindung, die man nach Hause trägt. Wird das Spiel wiederholt, so entsteht ein neues Werk, selbst wenn die einzelnen Elemente dieselben zu sein scheinen. Publikum und Schauspieler sind immer andere, auch wenn es sich um dieselben Personen handelt; ihre Disposition, ihre Reaktionen, die selbst Teile des Spiels sind, verändern sich. Leben die Schauspieler nicht mehr, so bleibt vielleicht eine Beschreibung des Spiels, in neuerer Zeit allenfalls eine Aufnahme der Stimmen oder eine Verfilmung, doch nie das Spiel selbst. Es ist nicht wiederholbar. «Dem Mimen flicht die Nachwelt keine Kränze» – der scheinbar abgedroschene Vers aus dem «Wallenstein»-Prolog hat kaum etwas von seiner Gültigkeit eingebüßt.

Eine der wenigen Ausnahmen ist der Schauspieler und Regisseur Max Reinhardt. Nicht erst zur 100. Wiederkehr seines Geburtstags, 1973, 30 Jahre nach seinem Tod, wurden ihm zu Ehren Reden gehalten, Aufsätze, Dissertationen und Bücher geschrieben, Ausstellungen eingerichtet, Filme gedreht, Diskussionen, Symposien und Konzerte veranstaltet. Schon zu seinen Lebzeiten war er ein Mythos, Objekt einander widersprechender Spekulationen und heftigster Kontroversen. Seither wird die Mythenbildung fortgesetzt, auch die Kontroversen halten an. Immer noch stehen die unterschiedlichsten Charakterisierungen einander gegenüber: er sei der Vollender des Illusionstheaters gewesen – oder sein Überwinder; ein Träumer – oder ein Realist; geboren in Ungarn – aus Baden bei Wien; im Herzen Berliner – mit Fleisch und Blut Wiener; seiner Zeit vorauseilend – ihr nicht gewachsen. Vielzahl und Gegensätzlichkeit der Äußerungen resultieren aus der historischen Situation und dem spezifischen Charakter des «Mimen» Reinhardt: nach einer erfolgreichen Schauspielerlaufbahn erreichte er seine höchste darstellerische Leistung, als er aufhörte, die Bühne öffentlich als Darsteller zu betreten – indem er durch Vorspielen den Darstellern ihre eigenen Fähigkeiten entlockte. Er ist oft als «Schauspielerregisseur» bezeichnet worden. Doch seine schöpferische Beziehung zum dramatischen Text verdient ebenso große Aufmerksamkeit wie seine Arbeit mit dem Schauspieler. Aber daß das ephemere Spiel eines Theaterabends als eigenes Kunstwerk erkannt und daß sein Urheber, der Regisseur, erstmals an die Rampe trat, um den Beifall für eine nicht fixierbare Gesamtleistung entgegenzunehmen, mußte fast zwangsläufig zur Mythisierung führen. Zumal Reinhardt eben «nur» Schauspieler und Regisseur war – im Gegensatz zu Goethe oder Brecht, die zwar auch «inszeniert», aber außerdem Dramen und doktrinäre Anweisungen hinterlassen haben, oder zu Regisseuren wie Edward Gordon Craig, André Antoine, Konstantin S. Stanislavskij, Alexander J. Tairov, Erwin Piscator, die

Theorien oder zumindest ausführliche programmatische Erfahrungsberichte formuliert haben. Von Reinhardt gibt es kein Organon und keine Theorie, die Nachwelt ist auf verstreute Schriften, auf fremde Berichte und noch existierende Teilelemente des Spiels angewiesen.

Wie die Faszination des Spiels dennoch weiterwirkt, erweist sich daran, daß auch eine Generation, die Reinhardts Werk nicht mehr persönlich erlebt hat (der Verfasser dieser Monographie gehört ihr an), ihm die intensivste Aufmerksamkeit widmet. Möglicherweise liegt in der historischen Sicht eine Chance und der Augenblick ist dem Historiker günstig: man kann heute die zeitgenössischen und späteren Reaktionen überblicken und vergleichen, man kann noch viele Mitarbeiter befragen. Auch ermutigt der zeitliche Abstand zu biographischen Recherchen (etwa über Herkunft und Kindheit, die bis jetzt im Schatten geblieben sind). Daß Biographie und Werk bei Reinhardt mehr als bei anderen Künstlern ineinander fließen wurde schon zu seinen Lebzeiten konstatiert. Heinz Herald, ein langjähriger Berater Reinhardts, schrieb 1930: «Die Persönlichkeit Reinhardts ist schwer zu umreißen, weil sie immer wieder einer schematischen Konstruktion, einer Festlegung zu widersprechen scheint ... Selten noch ist ein Mensch den ihm Nahestehenden so anonym geblieben, so ganz nur aus seinem Werk zu erklären gewesen wie Reinhardt.»[1*] Auch dieser Umstand hat dem Mythos Vorschub geleistet.

Seit einigen Jahren gibt es Ansätze zu einer rationaleren Betrachtung. Menschen aus Reinhardts nächster Umgebung haben ihre Erinnerungen veröffentlicht. Außer den Memoiren von Schauspielern sind es vor allem das Buch der mit Reinhardts Arbeit aufs engste vertrauten Sekretärin Gusti Adler, das des jüngeren Sohnes und zeitweiligen Mitarbeiters Gottfried Reinhardt, und der Bericht von Reinhardts Gefährtin während der letzten Jahrzehnte seines Lebens, Helene Thimig-Reinhardt, die manches geklärt haben. (Ihren Verfassern verdankt der Autor auch viele in Gesprächen empfangene Anregungen.) Man hat begonnen, Reinhardts Werk an Hand überkommener Zeugnisse im Detail zu registrieren und zu erforschen. Zahlreiche Publikationen über Einzelaspekte von Reinhardts Tätigkeit sind entstanden. In Salzburg gibt es eine Max-Reinhardt-Forschungs- und Gedenkstätte, an der State University of New York in Binghamton ein Max-Reinhardt-Archiv. Diese Institute und einige weitere öffentliche und private Archive sammeln und bewahren, was noch erreichbar ist. So museal solche Aktivitäten gelegentlich anmuten mögen, sie haben etwas Wesentliches erreicht: An die Stelle von Legenden und Anekdoten treten exakte Informationen; man erkennt, daß die relativ große Bedeutung, die das Theater seit der Jahrhundertwende im öffentlichen Leben gewonnen hat, zu einem großen Teil auf Reinhardts Arbeit beruht. Vergleicht man seine Regiebücher, seine Briefe und Reden, die von ihm initiierten Bauten und bühnentechnischen Einrichtungen, von ihm inspirierte Entwürfe für Bühnenräume, Kostüme und Dekorationen, die Programme, Bilder und Rezensionen seiner Inszenierungen mit unseren Informationen

* Die hochgestellten Ziffern verweisen auf die Anmerkungen S. 134 f.

über das Theater des 19. Jahrhunderts, so läßt sich abschätzen, wie viel von dem, was heute als selbstverständlich gilt, und wie viel von dem, was heute als neu erscheint, auf Reinhardt zurückgeht.

Was das Theater immer wieder von Reinhardt lernen kann ist nicht ein Stil, sondern eine Grundhaltung: Kritik im Sinne des Unterscheidens von Ursprung und Konvention, im Sinne des ungetrübten Sehens, das allein eine schöpferische Interpretation erst ermöglicht, die Theater zum Spiel und zum Erlebnis macht. Daß es ein solches Weiterwirken tatsächlich gibt, hat einer der bedeutendsten Regisseure unserer Tage, Giorgio Strehler, auf verblüffende Weise gezeigt. Als er 1973 die von Max Reinhardt fünf Jahrzehnte vorher gegründeten Salzburger Festspiele mit einer Rede über Reinhardt («Max Reinhardt und heute») eröffnete, legte er dar, wie er die Entdeckung seines Landsmannes Goldoni als eines realistischen Autors, wie er Auffassung und Details seiner ersten Mailänder Inszenierung – der heute ihrerseits legendären und mit Recht als avantgardistische schöpferische Leistung berühmten Aufführung des «Dieners zweier Herren» – seiner indirekten Kenntnis von Max Reinhardts Inszenierung dieses Stücks verdanke. Ein überzeugenderer Beweis für die Lebenskraft des Reinhardtschen Theaters – und für die Überlieferbarkeit von Theater überhaupt – ist kaum denkbar.

WIEN UND BERLIN

In seinem 1928 erschienenen Buch «Das Theater der Gegenwart» schreibt der Berliner Theaterkritiker Julius Bab: «Das Wiener Naturell revoltierte theatralisch gegen das berlinische. Aber die sozialen und wirtschaftlichen Bedingungen gestatteten in Wien den Aufschwung eines neuen, führenden Theaters nicht mehr, und so führte der Österreicher Reinhardt sein durchaus süddeutsches Theater, sein Schauspielertheater, in Berlin zum Triumph.»[2]

Ich bin Wiener von Geburt und ein Schüler des alten, herrlichen Burgtheaters, antwortet, um sein Bild und um Auskunft gebeten, der junge Berliner Charakterdarsteller Reinhardt. *Von 1894, als Dr. Brahm seine Direktion antrat, bis heute bin ich ununterbrochen am Deutschen Theater – und denke nicht daran, an's Burgtheater zu gehen.*[3] Vier Jahrzehnte später, im kalifornischen Exil, notiert Max Reinhardt: *Ich ging damals natürlich nur auf die vierte Galerie ... Ich sage immer, ich bin auf dieser vierten Galerie geboren. Dort erblickte ich zum ersten Mal das Licht der Bühne, dort wurde ich genährt ...*[4] Andere autobiographische Aufzeichnungen beginnen mit dem Satz: *Ich bin ein Jude.*[5]

Die Familie Goldmann lebte seit Generationen, in wechselnden Branchen einen bescheidenen Handel betreibend, in der Kleinstadt Stampfen (ungarisch: Stomfa; slowakisch: Stupava) im Komitat Preßburg, knapp hinter der Grenze zwischen Österreich und dem Königreich Ungarn, wo Max Reinhardts Vater, Wilhelm Goldmann, im Jahre 1846 zur Welt kam. In dem diesseits der March an das Gebiet von Stampfen grenzenden niederösterreichischen Ort Marchegg, aus dem die Juden

Die Mutter: Rosa Goldmann, geb. Wengraf

im Laufe der Jahrhunderte immer wieder über den Fluß getrieben worden waren, wohnte um 1870 Reinhardts Großvater Philipp Goldmann. Dort ist schon im Jahre 1342 ein Jude namens Goldmann beurkundet. *Meine Familie, die aus meinen Eltern, meinem Großvater und vielen Onkeln bestand, die alle Geschäftsleute waren, war eine stille Familie. Vielleicht die stärkste Persönlichkeit darin war mein Großvater. Er war ungemein fromm, beinahe orthodox und von einer einzigartigen, ewigen Heiterkeit ... Er wurde 98 Jahre alt.* Als Philipp Goldmann am 30. März 1912 starb, hatte er seinen ältesten Sohn Wilhelm um sechs Monate überlebt. *Mein Vater konnte wunderbar lachen; aber er war ein ungeheuer stiller Mensch. Vielleicht seine größte Liebe war die Musik. Er war sehr beliebt – wie alle guten Zuhörer.*[6] 1869 zog der Handlungs-Commis Wilhelm Goldmann nach Wien. Rosa Goldmann, geb. Wengraf, die Mutter, fünf Jahre jünger als der Vater – sie lebte bis zu ihrem Tod 1924 in Reinhardts Haus –, kam aus dem mährischen Nikolsburg. 1872 heiratete sie Wilhelm Goldmann in Brünn, wo ein Großteil ihrer Familie lebte. Brünn wurde dann auch das bevorzugte Ferienziel der Goldmannschen Kinder.

Es gab vielerlei Gründe, die nach 1867, dem Jahr der Krönung Kaiser Franz Josephs I. zum König von Ungarn, dafür sprachen, Stampfen mit der Hauptstadt der neugeschaffenen k. u. k. Doppelmonarchie zu vertauschen. Seit Jahrzehnten kämpfte Ungarn gegen den Föderalismus, nir-

Der Vater: Wilhelm Goldmann

gends hatten Minderheiten einen schwereren Stand als hier; die deutschsprechenden Gruppen konnten einer Zwangsmagyarisierung kaum entgehen, und eines der Fanale der Revolution von 1848 war ein Pogrom in Preßburg gewesen. Im nahen Wien war man fern von derlei Bedrängnis; die Emanzipation der Juden gehörte zu den ersten Liberalisierungsmaßnahmen des neuen Reichsrats, die Hauptstadt öffnete ihre Grenzen dem Zuzug aus der Provinz. Zwischen 1870 und 1890 verdreifachte sich die Bevölkerung des Stadtgebiets, neue Unternehmen schossen wie Pilze aus dem Boden. Daß gerade Wien wenige Jahre später mit dem Durchbruch der antiliberalen Bewegungen um Georg Ritter von Schönerer und Karl Lueger von Antisemiten regiert werden, daß der Bankkrach von 1873 der wirtschaftlichen Prosperität einen empfindlichen Schlag versetzen würde, war nicht vorauszusehen. Schon bald nach seiner Ankunft in Wien gelang es Wilhelm Goldmann, sich selbständig zu machen. Gemeinsam mit einem Compagnon, dem aus Mähren zugezogenen Baumwollwaren-Commissionshändler Joel Singer, gründete er 1870 die Firma «Goldmann & Singer» in der Salvatorgasse. Nach zwei Jahren zogen «Goldmann & Singer» in die Salzgasse um. Anscheinend blühte das Geschäft in den ersten Jahren. Die Goldmanns wohnten in der Praterstraße; der Prachtpromenade des jüdischen Viertels von Wien, der Leopoldstadt (II. Bezirk), schräg gegenüber dem Carltheater. Allerdings leitete die Börsenkatastrophe vom 9. Mai 1873 auch für den von den Banken weitgehend abhängigen Handel eine Periode des Stillstands ein – und für Wilhelm Goldmann den Abstieg. Am 1. September 1873 mußte die Firma Konkurs anmelden. Wenige Tage später, am 9. September 1873, kommt in der Schiesstadtgasse in Baden bei Wien, wo man sich den Sommer über eingemietet hatte, als erstes Kind von Rosa und Wilhelm Goldmann der Sohn Max auf die Welt.

Die Familie vergrößerte sich rasch: eineinhalb Jahre nach Max wurde Edmund geboren, es folgten Jenny, Adele, Irene, Siegfried und Leo. Reinhardt hat später außer seinen Eltern auch seine Geschwister und deren Familien versorgt; Edmund wurde sein engster Freund und wichtigster Mitarbeiter. Die Eltern lebten nun in recht bescheidenen Verhältnissen – nicht immer erbrachte das Geschäft genug, um die neunköpfige Familie ausreichend zu versorgen. Zwar konnte der Konkurs von «Goldmann & Singer» noch einmal rückgängig gemacht werden; es bedeutete jedoch nur einen Aufschub. 1876 wurde das Geschäft aufgelöst. Schon vorher war Wilhelm Goldmann in eine andere Firma, «Heinrich Löwy, Bettfedern- und Flaumenmagazin», eingetreten, die er dann übernahm und einige Jahre hindurch gemeinsam mit seinem jüngeren Bruder Leopold als «Heinrich Löwy's Nachfolger Brüder Goldmann» führte. Auch die zweite Firma ging in Konkurs, und ab 1883 ist Wilhelm Goldmann nur noch ohne Firmeneintragung, als «Miedermacher» (bzw. «Miederfabrikant») gemeldet: wer Bankrott gemacht hatte, durfte kein eigenes Geschäft mehr eröffnen. Von 1881 an ging auch die Mutter einem Beruf nach; Rosa Goldmann führte eine Dampfappretur unweit der ein Jahr zuvor bezogenen Wohnung in «Fünfhaus», Wiens XV. Bezirk, Schönbrunnerstraße 22 (heute: Mariahilferstr. 150). Man kann sich vorstellen, daß im Elternhaus Reinhardts für musische Dinge nicht viel Geld und Zeit übrig blieb; immerhin fing Max an, Klavier zu spielen. Während seiner Kindheit und Jugend zog die Familie siebenmal innerhalb Wiens um. Auch die Schulzeit verlief nicht immer in geregelten Bahnen. Schon kurz nach dem Eintritt in die Volksschule im Herbst 1879 zwangen die Masern das Kind, wochen- und monatelang daheimzubleiben; man ist geneigt, in diesen Krankheitswochen eine Fermentationszeit für Ideen und Phantasien zu vermuten, die später Wirklichkeit wurden. Nach einem halben Jahr schon wurde Max im Februar in die Volksschule in der Victoriagasse in «Fünfhaus» umgeschult, die er 1884 nach der fünften Klasse dann wieder verließ, um in die Realschule überzuwechseln. Im Januar 1888, nach dem zweiten Quartal des dritten Realschuljahres, trat er wieder aus, rechtzeitig, um die dritte Klasse der Bürgerschule und damit den obligatorischen Schulschluß zu absolvieren. Die Zeugnisbewertungen der Lehrer sind zuerst gut, später durchschnittlich. Nur das «Sittliche Verhalten» ist durchwegs mit der besten Note «vollkommen entsprechend» bezeichnet.[7] Es ist anzunehmen, daß Wilhelm Goldmann den ältesten Sohn aus der Realschule nahm, damit dieser bald helfen konnte, die Familie zu ernähren. Max sollte Kaufmann werden, und man schickte ihn nach der Schulzeit zur Lehre in eine Bank. Lange hat er es dort nicht ausgehalten.

Fürs Theater interessierte sich im Elternhaus keiner. *All diesen Menschen war das Theater so fern wie der Mond. Sie wußten zwar, daß es*

Wien: Die Praterstraße mit dem Carltheater

aufleuchtet, wenn die Sonne untergeht – aber das war auch alles.[8] Doch war in Wien der Weg zum Theater nie weit. Die Jahrmärkte, die Prozessionen und Volksfeste, die barocke und die Makartsche Architektur sind ja Schauspiel und integrierender Bestandteil des Lebens. Reinhardt hat seine Wiener Kindheitseindrücke – wohl etwas verklärend – beschrieben. *Damals war es ein ewiger Sonntag – voll von Musik. In den Sälen und Gärten wurde konzertiert – in den Wohnungen wurde Klavier gespielt – die Soldaten zogen mit Musik vorbei (damals waren sie noch nicht feldgrau, sondern bunt, und es war ein langer, langer Frieden) die Burgmusik spielte und die Gendarmen marschierten musizierend auf – begleitet von begeisterten Kinderscharen. Etwas Einzigartiges waren die Volkssänger, die die Kunst der improvisierenden Komödianten fortsetzten. Sie sangen populäre Lieder, meistens im Dialekt. Auf den Marktplätzen wurden die Blumen und Kräuter singend feilgehalten, es gab eine eigene Melodie für Lavendelverkäufer, Maronibrater und Würstelhändler … Auf den Weinhügeln an der Donau, auf denen Haydn, Beethoven, Brahms, Bruckner und Schubert ihre Spaziergänge gemacht hatten, wurde zum Heurigen aufgespielt – und im Prater klang das Ganze zu einer großen herrlichen Symphonie zusammen.* Eindrücke, die ihre Wirkung nicht verfehlten: *Ich war ein stiller, sehr scheuer Bub. An das erste Mal, wo ich, fast unbewußt, «aus mir herausging», erinnere ich mich genau. Ich war auf einem Sängerfest im Prater – natürlich auf der Galerie. Plötzlich erschien der alte Kaiser. Der ganze Saal tobte und schrie vor Begeisterung. Und plötzlich, völlig er-*

Die Geschwister Max, Jenny und Edmund. Wien, 1878

staunt, hörte ich mich mitschreien und mitjubeln, hingerissen von der allgemeinen Aufregung und gänzlich ohne Scheu. Über «Fünfhaus»: *Wir wohnten damals in der Schönbrunnerstraße, die von der Hofburg direkt nach Schönbrunn führt. Eine meiner frühesten Erinnerungen ist der kleine Balkon vor unserer Wohnung, den mein Bruder und ich zu unserem liebsten Spielwinkel gemacht hatten ... im Sommer gab es die wunderbarsten Aufzüge von Hofwagen und Equipagen und wir konnten das alles wie aus einer Theaterloge beobachten. Der Kaiser und seine Hofleute fuhren vorbei – wunderbare Hochzeitszüge und Prozessionen, vor allem die Fronleichnamsprozession, die mir immer einen unaussprechlichen Eindruck machte ...*[9] Eine derart stimulierte Schaulust führte den Schüler und Lehrling bald in die zahlreichen Theater der Stadt, ins Deutsche Volkstheater, ins Raimundtheater, ins Leopoldstädter Theater, wo die Wiener Autoren der Vorstadt, Nestroy, Raimund und Anzengruber zu Hause waren und die Volksschauspieler, allen voran Alexander Girardi, ins Theater in der Josefstadt und auch in die Hofoper – *all das waren wunderbare Eindrücke. Aber vielleicht noch stärker war – die Stephanskirche. Die Stephanskirche, in der zu Ostern ein unsichtbarer Chor die Beweinung Christi sang.* Die Hauptattraktion war jedoch das Burgtheater, bis zu Reinhardts fünfzehntem Jahr das alte Haus am Michaelerplatz, danach das von Gottfried Semper und Karl Freiherr von Hasenauer erbaute an der Ringstraße. Obwohl Reinhardts Bühnen später geradezu zum Gegenpol der Burgtheater-Tradition wurden und obwohl Intrigen seine im Weltkrieg und in den Jahren danach zur Debatte stehende Berufung ans Burgtheater verhinderten, hat Reinhardt sich zeitlebens zu dem Impuls, der von dort kam, bekannt. *Dort sangen an meiner Wiege die berühmten Schauspieler jener Zeit ihre klassischen Sprecharien ...*

Das Schauspiel war damals ausschließlich auf das Wort gestellt. Die Bühne war ganz primitiv, es gab nur die Möbel, die unbedingt gebraucht wurden; alles andere war der Schauspieler und sein Wort ... Heute kann man kaum mehr begreifen, was das war, ein «Burgschauspieler». Er hatte die größten Vorrechte und die größten Ehren. Er bekam spezielles «Handschuh- und Kerzengeld». Man schminkte sich damals bei Kerzenbeleuchtung. Ja, er wurde täglich mit dem Fiaker abgeholt und ins Theater geführt! Aber die Leistungen dieser Schauspieler waren auch unvergeßlich. Sonnenthal! Wie er auf der Bühne Schokolade trank – wie er seinen Hut auf die Erde stellte – das Alles war so eindrucksvoll, daß es immer sofort von der an sich schon eleganten Aristokratie angenommen und als Regel anerkannt wurde. Und Lewinsky. Er spielte immer die Schurken und war einer der feinsten, wertvollsten Menschen ... Dann Baumeister, Gabillon und der alte Thimig – dessen Rollen ich übrigens zuerst immer spielte. Und die Wolter, Devrient, die Hohenfels – die Schratt, die berühmte Freundin des Kaisers ... Einen vor allem gab es, ein überragendes Genie, das hoch über allen andern stand: Mitterwurzer. Der Hecht im Karpfenteich ... Das Burgtheater war voll von Stimmen, die wie alte kostbare Instrumente ein unvergleichlich abgetöntes Orchester bildeten. Der Klang kam aus weiter Ferne zu uns, die wir da oben auf dem höchsten Gipfel des Hauses zusammengepreßt waren ... Meine Nachbarn, die dicht neben mir gedrängt über die Brüstung hingen, kannte ich kaum ... Es waren fast ausschließlich junge Leute ... Ich hatte keine Bekannten unter ihnen und es wurde überhaupt wenig gesprochen. Es war viel zu aufregend. Es war ein Kampf ums Dasein. Aber sobald es dunkel wurde und der Vorhang aufging, schmolzen wir zu einer geheimnisvollen Einheit zusammen ... Plötzlich verzogen sich 250 Gesichter zu einem Lächeln, dann lief ein Kichern durch die Reihen und plötzlich brach ein schallendes Lachen aus wie ein Sturm. Man wurde willenlos mitgerissen und freute sich, daß alle Anderen ebenso besoffen von Heiterkeit waren. Dann wurde es allmählich ruhig, immer stiller. Die Schauspieler ... hörten jede Regung, wie wir die ihren hörten. Sie warteten, bis wir uns beruhigt hatten. Einige wollten weiter lachen, brachen aber erschrokken ab. Es wurde ernst. Hunderte beugten sich nach links, wo jemand auftrat. Das Paar auf der Bühne sah ihn nicht. Wir waren im Geheim-

Das Sulkowsky-Theater in Matzleinsdorf. Zeichnung von August Kronstein

nis. Herzklopfen. Atem im Rhythmus. Zwei Ensembles: Das Ensemble der Schauspieler und das Ensemble der Zuschauer.[10] Diese Dualität des Erlebens wurde für Reinhardt ein Vorbild, dem er treu blieb. Immer wieder hat er die Notwendigkeit des Mitspielens, das Überspringen der Rampe gefordert und in die Praxis umgesetzt. Rückblickend stellte er fest, daß die Anfänge seines Schauspielertums auf diesem Erlebnis beruhten: *Auf der Galerie gab es ja nur Stehplätze. Und gerade das war für mich vielleicht der Hauptreiz. Man mußte nämlich da oben selber mitspielen. Die Entfernung von der Bühne war so groß ... daß man sich Alles ergänzen mußte. Und das war die allerbeste Schule.*[11] Die Begeisterung trug Max auch nach Hause: Puppentheater mit selbstverfertigten Kostümen und Figuren, Nachahmung von Tonfall und Gestus der bevorzugten Schauspieler, die ersten selbst einstudierten Rollen sind die Folge. Eine Tante setzte sich, von seiner Begabung fasziniert, bei den Eltern für ihn ein – er erhielt die Erlaubnis, Schauspielunterricht zu nehmen. Eine regelrechte Schule oder gar einer der großen Mimen als Lehrer kam nicht in Frage, schon aus finanziellen Gründen. Doch *gab es* am Burgtheater *Schauspieler, die sich in ihrer ganzen Burgtheaterlaufbahn nie auf der Bühne gesetzt hatten. Meistens «meldeten sie an», oder sprachen sonst ein paar Sätze.*[12] Einer dieser Statisten hieß Rudolf Perak. Zur Aufbesserung seiner spärlichen Bezüge nahm er Schüler an, darunter den jungen Max Goldmann.

Die Möglichkeit, selbst auf den Brettern zu stehen – und gesehen zu werden, bot sich den Schauspielschülern im «Fürstlich Sulkowsky Privat-Theater» in Matzleinsdorf, einer Vorstadt unweit Schönbrunns. Josef Kainz – damals fünfzehnjährig – war hier im Geburtsjahr Max Reinhardts zum erstenmal aufgetreten, viele später berühmte Mimen taten hier ihre ersten Schritte. Finanziert wurde das Theater vor allem durch die Schüler «aus besserem Haus». Deren Eltern verpflichteten sich, je ein größeres Kontingent Sitze zu kaufen; die Vorstellungen waren öffentlich. Weniger Begüterte – und das war bei Max Goldmann der Fall – ergänzten das Ensemble. Ein überaus soziales Prinzip – Reinhardt hat es, als er, emigriert, 1938 in Hollywood eine Theaterschule gründete, ebenso gehandhabt. Im April 1890 trat er hier zum erstenmal auf. Auf den Programmen erscheint von nun an der Name «Hr. Reinhardt». In einer Umgebung, die den Antisemitismus jetzt auch offiziell verkündete, klang er besser als «Goldmann». Die Familientradition überliefert, der alte Reinhard aus Theodor Storms «Novelle der Erinnerung», «Immensee», habe als Vorbild gedient. Im Jahre 1904 wurde der Künstlername zum offiziellen Namen erklärt; auch Eltern und Geschwister nannten sich von dann ab Reinhardt. Die Schauspielschüler in Matzleinsdorf durften ihre Rollen oft selber bestimmen. Natürlich orientierte man sich an den bewunderten Großen der «Burg». Die Rollen Josef Lewinskys und Hugo Thimigs waren die bevorzugten Vorbilder Reinhardts. Im übrigen spielte der Siebzehnjährige gern alte Männer. *Mir war das ganz recht – da konnte ich meine Schüchternheit hinter einem langen weißen Bart verstecken.*[13] Der Erfolg, gerade in solchen Rollen, blieb nicht aus, sie wurden zur Spezialität des Schauspielers Reinhardt. 1910, als er längst das Spielen mit der Regie vertauscht hatte, bei einem Gastspiel mit Sophokles/Hofmannsthals «König Ödipus», bekamen die Wiener den nun Siebenunddreißigjährigen in der Rolle des blinden Greises Teiresias zu sehen; 1924, bei seinem letzten Auftreten als Schauspieler, spielte er auf der Bühne des Josefstädter Theaters den alten Diener in «Kabale und Liebe».

Kompetentes Lob und positive Besprechungen überzeugten allmählich die Eltern. Reinhardt erhielt Privatunterricht bei dem Konservatoriumsprofessor Emil Bürde, einem Freund der Devrients. *Gelernt habe ich so gut wie nichts bei ihm – aber er war einer der wunderbarsten Theateridealisten.*[14] Immerhin bekam er sein erstes festes Engagement, an einem Vorstadttheater Wiens, dem Volkstheater in Rudolfsheim. Hier konnte sich Reinhardt in einem umfangreichen Repertoire profilieren. Es gab Klassiker – Reinhardt spielte «erste Charakterrollen», Don Men-

Max Reinhardt. Salzburg, 1894

do in Calderóns «Der Richter von Zalamea», Attinghausen in «Wilhelm Tell» –, mehr jedoch Volksstücke und Schwänke von Nestroy und minder bekannten, schnell vergessenen Lokalgrößen. Gelegentlich trat Reinhardt abwechselnd in verschiedenen Rollen desselben Stücks auf, so als Spiegelberg und als Franz Moor in Schillers «Die Räuber» – eine Erfahrung, die sicher den Sinn für Perspektiven und dramaturgische Zusammenhänge geschärft hat. Am 14. Januar 1893 debütierte in einer Vorstellung, in der Reinhardt den Spiegelberg gab, ein vollkommener Laie als Gast: Karl Kraus, später als Kritiker heftiger Gegner Max Reinhardts, damals neunzehn Jahre alt, spielte Franz Moor. Kraus notierte aus der Erinnerung über Reinhardt und sich selbst: «Er machte (woraus sich dem Psychologen meine Abneigung erklären wird) zweifellos günstigere Wirkung.»[15] Es scheint, daß dies die einzige «direkte Begegnung» des heranwachsenden Reinhardt mit einem Vertreter der neuen Wiener Kunst blieb. Genau zu der Zeit war Wien ja auch «Jung Wien». Eine neue und eigenartige Generation von Schriftstellern traf sich im

Max Reinhardt in einer Alten-Rolle. Salzburg, 1893/94

Café Griensteidl; ein neuer Malstil, eine neuartige Architektur waren im Entstehen begriffen. Zu alldem hatte der Kleinhändlerssohn ohne höhere Bildung keinen Zugang; auch hätten das Rollenstudium und der Versuch, sich am Überkommenen zu erproben, nicht allzuviel Spielraum für eigene schöpferische Initiativen gelassen. Erst als Reinhardt in Berlin war, kam die Verbindung zustande: wie aus Zufall begegneten sich dann die Kreise; Richard Beer-Hofmann, Hermann Bahr (der bald auch als Dramaturg und Regisseur bei Reinhardt fungierte) und Hugo von Hofmannsthal werden dann von ihm für die Bühne entdeckt; Emil Orlik und Alfred Roller malen Bühnendekorationen für ihn, und Joseph Urban, ebenfalls ein Vertreter des Neuen Wien, entwirft 1928 ein Theater für Max Reinhardt in New York. – In Rudolfsheim war davon noch nichts zu ahnen; eine andere, entscheidende Begegnung fand hier statt: Otto Brahm, designierter Direktor des Deutschen Theaters in Berlin, das er im Herbst 1894 übernehmen sollte, sah, auf der Suche nach einem Ensemble, Max Reinhardt. *Er verwickelte mich in eine Konversation, im*

Lauf derer er mich nach der chronologischen Reihenfolge der Schillerschen Dramen fragte. (Er war Germanist.) Ich hatte keine Ahnung. Nichtsdestoweniger bestellte er mich für den nächsten Tag ins Hotel Sacher, wo ich ihm vorsprechen sollte. Ich sehe noch das Zimmer vor mir – es sah aus wie ein langer Gang und Brahm saß am Fenster. Ich konnte ihn gar nicht sehen. Ich sprach «Traumerzählung» und er bot mir sofort einen Vertrag für Berlin an.[16] Bis dahin war noch ein Jahr Zeit.

Reinhardt trat sein erstes Engagement außerhalb Wiens an, und zugleich seine erste größere Reise: Salzburg. Der «Neue Theateralmanach auf das Jahr 1894» vermeldet unter «Salzburg, Stadttheater»: «Das alte Gebäude, am 16. November 1775 eröffnet, wurde im Mai 1892 von der Stadt übernommen, im Juni desselben Jahres der Grundstein zum neuen Hause gelegt. Am 1. Oktober 1893 fand die feierliche Übergabe des Theaters an Dir. Lechner statt, der es mit Fulda's ‹Talisman› eröffnete. Das Th., von den Architekten Fellner und Helmer erbaut, faßt 1000 Pers. Spielzeit: 1. Oktober bis 1. April 1894.» Reinhardt nahm ein Zimmer im Gasthof zum Stein an der Salzach – ein akzeptables Quartier für die eine Saison. In der Eröffnungsvorstellung, am Tag nach seiner Ankunft, trat er bereits auf (als Feldherrr Berengar) – und dann fast täglich die Spielzeit hindurch. *Ich habe ungemein viel zu thun,* berichtet er in den ersten Tagen nach Hause, *da ich diese Woche noch zwei große Rollen zu spielen habe ... Die erste Vorstellung ist glücklich vorüber. Trotzdem ich in derselben keine hervorragende Rolle spielte, bin ich doch in den hiesigen Blättern lobend erwähnt. Nun habe ich täglich von 9–12 – 1 od. 2 Proben und nur die wenigen Nachmittagsstunden zum Lernen. Direction und Regie sind mit meinem Können zufrieden. Beweis dessen bekam ich schon mehrere g r o ß e Rollen zugetheilt.*[17] Direktor Anton C. Lechner – auch er, lange vor Reinhardt, Sulkowsky-Debütant – hatte sich dem Salzburger Gemeinderat gegenüber vertraglich verpflichten müssen, «täglich abzüglich der gesetzlichen Ausnahmetage eine Vorstellung und zwar in gehöriger Abwechslung Trauerspiele, Schau- und Lustspiele, Volksstücke und Possen zu geben»[18]. Um den für eine Kleinstadt wie Salzburg ungewöhnlich großen Zuschauerraum zu füllen, war ein beständiger Wechsel des Repertoires unumgänglich. Reinhardt nützte diesen Umstand und übernahm über seine Engagementsverpflichtungen hinaus, zur Aufbesserung der Gage, noch Sprechpartien in Operetten. Im ganzen waren es schließlich in den sechs Salzburger Monaten nicht weniger als 49 Rollen. Die Resonanz war fast durchwegs freundlich. Eine typische Stimme der Salzburger Zeit (über eine Rolle in Sudermanns «Heimat»): «... eine beachtenswerte Leistung, die umso höherer Anerkennung wert ist, weil Herr Reinhardt ja ein so junger Mann ist und erst am Anfang seiner Bühnenlaufbahn steht. Der talentierte Schauspieler charakterisierte den alten Offizier im Großen und Ganzen richtig, und wenn auch in den Details hie und da der Wille stärker war als das Können, so war der Gesamteindruck der Leistung doch ein solcher, daß man sagen konnte, in Herrn Reinhardt steckt ein wirkliches Talent ...»[19] Briefe aus dieser Zeit geben Aufschluß nicht nur über die eigenen Erlebnisse, sie doku-

Mit Max Marx (links) und Berthold Held (Mitte)

mentieren auch die allgemeine Situation eines noch nicht «arrivierten» Schauspielers in der Provinz und die damalige Theaterpraxis. Inszenierung im heutigen Sinn, wirkliches, auf intensiver Probenarbeit beruhenden Ensemblespiel gab es ebensowenig wie aufeinander abgestimmte Kostüme und Dekors. Einen festen Fundus von Kostümen, der dann in den verschiedensten Stücken Verwendung fand, hatten die Schauspieler selbst zu stellen. *Ich habe mir dieses Monat sehr viel anzuschaffen. So mußte ich mir allein an Fußbekleidungen schon für die erste Comödie griechische Sandalen zu F 4.– für Stuart Sammtschuhe F 3.50 für modernes Lust- und Schauspiel Lackschuhe für F 7.50 u. Lackstulpen F 2.50 anschaffen. Für Wallensteins Tod hätte ich gelbe Ritterstiefel gebraucht, die m i n d e s t e n s F 12.– gekostet hätten ... Wenn man eben wie ich jeder Ausstattung bar ist, so ist das begreiflicherweise eine schwere Wirtschaft.* Allerdings: *Sonst – insbesondere in künstlerischer Beziehung habe ich allen Anlaß zufrieden zu sein. Ich bekomme auch große und schöne Rollen, die sonst einem Anfänger nicht anvertraut werden. So spiele ich am Sonntag den a l t e n Miller, Dienstag den W u r z e l s e p p im Pfarrer v. Kirchfeld (eine schöne aber ungemein schwierige Rolle, der ich jedenfalls wieder Nächte opfern werde müssen, da die Zeit kurz ist und ich all' diese Rollen ganz neu einstudieren muß). Und Freitag spiele ich zur Schillerfeier den A t t i n g h a u s e n im T e l l.*[20] Das Leben in Salzburg scheint dennoch recht vergnüglich gewesen zu sein. Reinhardt freundete sich mit zwei Kollegen, Berthold Held und dem Komiker Max Marx, an. Die jungen Schauspieler verkehrten in Salzburger Familien, und auch bei den Frauen blieb der Erfolg nicht aus, wie die Erinnerungen beweisen, die Reinhardt nach seiner Übersiedlung nach Berlin mit Held tauschte. Brahm kam mit dem Autor und Dramaturgen Georg Hirschfeld nach Salzburg, der Vertrag wurde bekräftigt, die vereinbarte Gage erhöht – was offensichtlich nötig war angesichts der Reize von Salzburg.

Bis zum Spielzeitbeginn in Berlin blieb beinahe ein halbes Jahr. Reinhardt ging nach Wien, wo die meisten Bühnen noch bis in den Sommer hinein spielten, erneut ins Burgtheater – jetzt mit Freikarten – und nach Rudolfsheim. Ein Freund, der junge Arzt Dr. Sigmund Schick, brachte Reinhardt zu den Vorlesungen des Psychiaters Krafft-Ebing, denen er begeistert folgte. *Höre fast täglich Krafft-Ebing Vormittag. Wenn das noch lange so fort geht, bin ich reif für ihn*[21], teilte er im Juni 1894 mit. *Die Vorlesungen sind hochinteressant und bieten ungemein viel Anregung. Insbesondere der praktische Theil der Vorträge ist spec. vom Standpunkt des Schauspielers ungemein fesselnd. Letztes Mal wurden beispielsweise zwei Rückenmarkschwindsüchtige und zwei Geistesgestörte (period. Größenwahn) vorgeführt. Die Demonstration ergab eine Fülle interessanter Details. Aber auch der theoretische Vortrag hat viel Wissenswerthes u. Anziehendes umsomehr, als er auch für einen Laien nicht schwer verständlich ist ... Abends bin ich fast tägl. im Theater u. die noch übrig bleibende Zeit verbringe ich mit Lesen.*[22] Die Salzburger Erfahrung hatte den Blick geschärft und ermöglichte Vergleiche. Berichte an Held bezeugen die wachsende Fähigkeit des Unterscheidens, auch im Bereich des alltäglichen Lebens. Aus dem Deutschen Haus in Brünn schreibt er von einer kurzen Reise dem Freund: *Nationaler Geist und elektrisches Licht e r- und b e leuchten ... hier die guten Brünner ... An der Stirnseite des Gebäudes steht «Unserer Stadt zur Ehr Unserem Volksthum zur W e h r». Sehr streitbar, wie Du siehst. Das Theater ist prächtig, leidet aber an dem Indifferentismus des Publikums, das t r o t z seiner Deutschthümelei sehr philiströs ist – oder sollte dieses «trotz» unberechtigt sein? Heine identifiziert bekanntlich «deutsch» und «philiströs». Dann müßte man allerdings Brünn – Brno hyperphiliströs nennen.*[23]

Es folgte die erste «Tournee» seines Lebens. Gemeinsam mit Held und Marx gastierte man in der Umgebung von Salzburg, in kleineren Orten wie Hallein, Berchtesgaden, Golling und Tittmoning. Sehr einträglich waren die Gastspiele offenbar nicht, denn einen Monat vor der Reise nach Berlin mußte sich Reinhardt an Brahm wenden:

Richard Freiherr von Krafft-Ebing

Sehr geehrter Herr Director!

Leider sehe ich mich genöthigt, Sie vor Beginn der Saison noch einmal mit einer Bitte zu belästigen. Ich gedenke in ca. drei Wochen nach Berlin zu fahren, bedarf aber vorher zur Deckung der Fracht und Reisespesen, hauptsächlich aber zur nothwendigen Complettierung meiner Bühnenausstattung dringend eines entsprechenden Vorschusses à conto meiner Gage ... Sie würden mich sehr verpflichten, wenn Sie gütigst veranlassen wollten, daß mir womöglich u m g e h e n d, mindestens Mk 150.– zugehen, die dann vielleicht in drei – vier Raten von meiner Monatsgage abzuziehen wären ...[24]

Gemeinsam mit Max Marx, den Brahm ebenfalls engagiert hatte, nahm Reinhardt eine Wohnung im Zentrum Berlins, Friedrichstraße 134, nur wenige Schritte vom Deutschen Theater. *Berlin ist eine wahrhaft herrliche Stadt – Wien mehr als 10mal multipliziert. Echt weltstädtisches Gepräge, immenser Verkehr durchgehends der Zug ins Großartige*

Otto Brahm

und dabei praktisch und gediegen [25], heißt es in einem nach der Ankunft geschriebenen Brief.

Zu jener Zeit stand die deutsche Reichshauptstadt im Begriff, der Theaterstadt Wien endgültig den Rang abzulaufen. Die Übernahme der Direktion durch den Naturalistenpapst Otto Brahm besiegelte den Primat des Deutschen Theaters über die «Burg» als führende deutschsprachige Bühne. Während in Wien die neuen künstlerischen Impulse sich noch nicht aufs Theater richteten, oder von den Bühnen nicht wahrgenommen wurden, ging in Berlin die geistige Erneuerung gerade vom Theater aus. Was Reinhardt im Wien seiner Jugend erlebt hatte, war der Abendglanz einer tief in der Bevölkerung verwurzelten Tradition;

Berlin war als Theaterstadt vergleichsweise jung. Die im letzten Jahrhundertdrittel einsetzende Theaterwut war vor allem ein Resultat der allgemeinen Euphorie nach dem Sieg von 1871. Ein durch die französische Kriegsentschädigung zum Wohlstand gelangtes und prestigesüchtiges, rapide wachsendes Großstadtpublikum trieb einen in Preußen nie gekannten Luxus. Die ein Jahr vor Kriegsbeginn eingeführte Gewerbefreiheit brach das Monopol der Hoftheater und machte die Eröffnung eines Theater-«Unternehmens» attraktiv. Berlin W. wurde zum Vergnügungszentrum der Stadt. Künstlerische Ereignisse von Bedeutung zeitigte die für die Gründerzeit so typische Kombination von Geschäftssinn und Prunksucht noch nicht, sie bereitete ihnen allerdings das Terrain. (Bemerkenswert ist, daß schon in den achtziger Jahren eine ernst zu nehmende Theaterkritik vorhanden ist, etwa in den Feuilletons des späten Fontane.) «Familiendramen», «Possen» und «Gesellschaftslustspiele» stimulierten und befriedigten die Sehnsucht des Publikums nach der «guten alten Zeit» oder dem «Pariser Salon». Dennoch ermöglichte die neue Prosperität schließlich auch den künstlerischen Durchbruch. Als im Mai 1874 das Meininger Hoftheater gastierte, begeistern die Berliner sich plötzlich für klassische Dramen und beklatschten Schiller und Shakespeare. Grund des Erfolgs waren nicht zuletzt die ungewohnt prächtigen und historisch «richtigen» Dekorationen, die als Sensation empfunden und in der Folge von vielen Theatern imitiert wurden. Die Meininger, ständig gastierend, brachten auch die ersten Stücke von Henrik Ibsen und damit den Auftakt zum Bekanntwerden einer zeitgemäß-aggressiven Dramatik. Klassik und Moderne begannen sich durchzusetzen. Im Jahre 1883 erwarb Adolph L'Arronge, Verfasser kassenfüllender Rührstücke, das Friedrich-Wilhelmstädtische Theater, eine Operettenbühne, und erklärte es zum «Deutschen Theater», in der Absicht, dem klassischen Drama eine Heimstatt zu geben. Die zweite, wichtigere Initiative war die Gründung der Freien Bühne, eines Vereins zur Pflege des zeitgenössischen Dramas unter Umgehung der polizeilichen Zensur. Hier wurden zur Eröffnung am 29. September 1889 Ibsens «Gespenster» aufgeführt, später Stücke von Autoren wie Émile Zola und Bjørnstjerne Bjørnson, vor allem aber die Stücke junger deutscher Autoren, die es wagten, soziale und psychische Mißstände zu zeigen: Arno Holz und Johannes Schlaf, und vor allem Gerhart Hauptmann. «Vor Sonnenaufgang» und «Die Weber» verursachten Skandale, aber sie überzeugten. Sie überzeugten sogar L'Arronge – so sehr, daß er Otto Brahm, dem Mitinitiator und Leiter der Freien Bühne, die Direktion seines Theaters übergab. Die neue Richtung hatte damit gesiegt. Zwar dauerte der Kampf mit der Zensur fort – jedes Stück mußte vor der Aufführung dem königlich preußischen Polizeipräsidenten vorgelegt werden, und nur zu oft wurde die Genehmigung aus politischen, religiösen oder sittlichen Bedenken versagt oder erst nach Auseinandersetzungen und Strichen gewährt. Dennoch setzte Brahms Bühne den Naturalismus in Deutschland durch. *Es weht durch das Ganze, sowohl durch die administrative, wie durch die künstlerische Gebahrung ein ungemein vornehm rein künstlerischer Geist mit ausgesprochen modern realistischer Färbung*[26], berichtet Reinhardt kurz nach der Ankunft. Und zwei Monate später, nach der Premiere von «Die Weber»: *Gegenwärtig machen die Weber bei uns noch immer ungeheures Aufsehen und täglich ausverkaufte Häuser. Das war ein sensationeller Erfolg. So stürmisch und demonstrativ, wie ich ihn noch nie in einem Theater erlebt habe. Und das will bei der kühlen, schnoddrigen und witzelnden Natur der Berliner sehr viel sagen.*[27] Obwohl Reinhardt nicht in die Reihe der ersten Darsteller (Josef Kainz, Emanuel Reicher, Agnes Sorma, Rudolf Rittner) aufrückte, gehörte er doch bald zu den erfolgreichsten unter den Jüngeren. Die Presse hebt sogar seine Leistungen in Episodenrollen bewundernd hervor, und selbst die literarischen Auguren äußerten sich anerkennend. *Von den Kritikern und sonstigen Celebritäten sprachen sich, wie mir Dr. Brahm erzählte, Dr. Paul Schlenther (der erste Kritiker hier) und Prof. Er. Schmidt sehr günstig über mich aus und endlich – und das ist mit das Werthvollste – die uneingeschränkte Anerkennung Gerhart Hauptmanns, der mir nach der Generalprobe und der Premiere der Weber* (Reinhardt spielte den Pastor Kittelhaus) *in schlichten und ehrlichen Worten sein Lob aussprach.*[28] Während der achteinhalb Jahre, die er zum Brahmschen Ensemble gehörte, festigte sich seine Position stetig. Als Darsteller alter Männer vor allem – typische Rollen sind Hauptmannsche Pastoren oder der Hausverwalter in «Weh dem, der lügt», der alte Bischof in Ibsens «Kronprätendenten» – wurde er unentbehrlich. Auch bedeutende klassische Rollen wurden ihm anvertraut. Die Aufführung von klassischen Dramen war allerdings nicht Brahms Stärke. Die Stützen des Repertoires blieben Ibsen und Hauptmann. Bald schon sah Reinhardt gewisse Schwächen der naturalistischen Spielweise – und kritisierte sie: *Früher gab es gute und schlechte Schauspieler. Heute giebt es pathetische, naturalistische, deklamatorische, moderne, realistische, ideale, pathologische, äußerliche und innerliche Schauspieler etc. etc. etc. Früher gab's Menschendarsteller. Heute existieren Ibsendarsteller, Hauptmanndarsteller, Stylschauspieler u. s. w. – Auch ein Zeichen unserer Zeit, die das Bedürfniß hat, mit kleinlicher Pedanterie auch in der Kunst alles einzuschachteln, in Fächer, Kasten oder Formen einzuzwängen ... Auf Kosten dieses Systems kommen die größten Nichtigkeiten zu Positionen ... Es ist z. B. Thatsache, daß Dr. Brahm ausschließlich für die «Weber» Leute engagiert hat, die entweder in anderen Stükken garnicht beschäftigt sind, oder wenn, ihre totale Unfähigkeit erweisen. Aber in den Webern sind sie vorzüglich. – Welch glänzende und verheißungsvolle Perspective eröffnet sich da vor unsern Augen. Freut Euch Ihr Stiefkinder der Natur .... Ihr seid allein berufen, unsere hypermoderne Litteratur zu interpretieren.*[29] Dieser Verismus konnte Reinhardt auf die Dauer nicht überzeugen, ebensowenig wie den Großteil des Publikums. Die Sensation war vorüber, ihre Wirkung verflüchtigte sich mit der Wiederholung. Politisch war immerhin so viel erreicht, daß die ersten Stücke Hauptmanns dem saturierten Bürgertum die Existenz wahrhaften Elends ins Bewußtsein gerufen hatten. Künstlerisch: eine neuartige Sprache im Drama, neue Themen und, daraus resultierend, neue Darstellungsprinzipien auf der Bühne, die als Möglichkeiten weiterwirkten. (Wedekind und Sternheim schöpften hier Anregungen.) Die Themen verloren jedoch bald ihre Brisanz und die Mittel erschöpften sich. *Ich begann langsam darunter zu leiden, daß ich jeden Abend spielen mußte. Es war nicht das Spielen selbst – sondern das ewige Bärtekleben, das Masken machen – das immerwährende Hantieren mit Mastix ... Auch wurde in diesen naturalistischen Aufführungen fast immer auf der Bühne gegessen, meist Knödel und Kraut, was zwar gut war, aber einem mit der Zeit auch über werden kann – jedenfalls fing mich die ganze Atmosphäre zum Schluß zu quälen an und ich wurde direkt unglücklich.*[30] Reinhardt las viel, wie aus seinen Briefen hervorgeht, z. B. Anzengruber (für den er sich begeistert), Sudermann (den er ablehnt), Jacobsen, Maupassant, Turgenjev, Nietzsche, betrachtend, vergleichend, Neues spürend. Über ein Stück von Georg Hirschfeld («Mütter») notierte er: *Die Zukunft der dramatischen Litteratur! Die Poesie auf dem Boden des Naturalismus – das ist die Reaktion schon, das ist die nächste glorreiche Zukunft.*[31]

Wenn er sich in diesem Fall auch getäuscht hat, so verrät seine Reaktion doch ein Sensorium für neue Möglichkeiten. Das wird besonders deutlich an seiner Begeisterung für bestimmte, nicht spezifisch naturalistische Aspekte des Werks von Ibsen. Vor allem «Gespenster» entzündet immer wieder seine Phantasie und fordert die eigene Initiative heraus. Nach einer von ihm bewunderten Aufführung des Stücks bei Brahm schrieb er dem Freund Berthold Held: *Auch ich, der ich das Stück schon oft gelesen und s. Z. in Wien gesehen stand auch hier wieder ganz im Bann der Dichtung, die mir gleich einem eisernen Reifen Hirn, Herz u. Nerven einpreßte. – Jetzt ein guter Ratschlag ... S. Z. machte ich Dich schon auf den Oswald in den Gespenstern aufmerksam. Das ist eine Rolle für Dich. Studiere sie, s p i e l e s i e. Bringe das Stück zu irgend einem Anlaß an's Repertoire ... Trachte nach der Regie womöglich ... Den Engstrand (oder Pastor Manders?) zu spielen, war stets einer meiner sehnlichsten Wünsche. Es müßten jedoch mehr Proben als gewöhnlich sein, denn die S t i m m u n g hat die Hauptrolle.* Und an einer anderen Stelle im gleichen Brief: *Für Ibsen ist das heutige Publikum entschieden noch nicht reif. Er verlangt M i t a r b e i t.*[32] Sechs Monate später spielte er zum erstenmal den Engstrand, und zwar unabhängig von Brahm, auf einer Tournee. Die Überwindung des Naturalismus zeichnete sich ab. Reinhardts allmähliche Loslösung von Brahm kündigte sich hier schon an.

«SCHALL UND RAUCH»

Emanzipationspläne tauchen bereits im Tagebuch von 1895 auf: *Ich rege den Plan zur Gründung einer Versuchsbühne für Schauspieler an. Wir würden die Rollen mit Leuten besetzen, die bislang unbekannt u. sich doch so mit den Rollen decken, daß durch viele Proben u. feinfühlige Regie mustergültige Vorstellungen entstehen würden ... In allem ist das Project von dem Willen zur Macht durchdrungen ...*[33] Realisiert wurden derlei Absichten vorderhand nicht. Erst um die Jahrhundertwende nahmen sie Gestalt an. Sommergastspiele, zu denen sich einige jüngere Mitglieder verschiedener Berliner Bühnen schon im Juni 1895 als «Werckmeisters Berliner realistisches Ensemble» in Leipzig[34], dann auch (als «Berliner Ensemble») alljährlich in Prag und später in Budapest und Wien zusammenfanden, um die spiel- (und gagen-) freie Zeit zu überbrücken, boten Gelegenheit, die eigenen Ideen zu erproben. Reinhardt trat bei diesen Reisen teils in Rollen auf, die ihm von Brahm her vertraut waren, teils aber in neuen, und vor allem: in eigenen, vom naturalistischen Korsett befreiten Gestaltungen. So im Juni 1895 in Leipzig und Prag als Engstrand («Gespenster»). Außerdem fungierte er als Probenleiter. Eduard von Winterstein, Kronzeuge von Reinhardts Berliner Anfängen, berichtet in seinen Memoiren über eine Reise im Jahre 1899: «Eine Schar von gleichaltrigen jungen Menschen, begeistert, unbekümmert und abenteuerlustig, zogen wir aus und verlebten in schönster Eintracht und Freundschaft einige Wochen reinster Freude. Die eigentlichen Unternehmer waren Max Reinhardt, Paul Martin und Paul Biensfeldt, drei junge, unbekannte Schauspieler des Brahmschen Ensembles. Dazu kamen Woldemar Runge, der als Regisseur fungierte ... Aber auch drei ‹Stars› stießen, wenigstens für die ersten drei Vorstellungen in Wien, zu uns: Louise Dumont, Rudolf Rittner und Hermann Nissen ... Schon die ersten Vorstellungen, ‹Hedda Gabler›, ‹Gespenster› und Wolzogens ‹Lumpengesindel›, bedeuteten einen triumphalen Erfolg, und zwar – das war das Bedeutsame daran – nicht den Triumph einzelner Schauspieler, sondern den Triumph des Stils, den Triumph der Berliner Schauspielkunst ... Wir kamen fast alle aus der Schule Brahms, der Geist von Brahms Deutschem Theater war uns in Fleisch und Blut übergegangen. Dies Zurücktreten des einzelnen hinter das Ganze, der Trieb, nicht in einer Rolle zu paradieren, sondern einen Menschen darzustellen, all das war uns ja etwas Selbstverständliches geworden. Dazu kam die für meinen Geschmack geradezu unübertreffliche Darstellung des alten Akim durch Max Reinhardt.»[35] Reinhardt hatte diese Rolle in Tolstojs «Macht der Finsternis» bereits zwei Jahre vorher bei einem der Prager Gastspiele kreiert. Ein Wiener Kritiker, der Stück und Aufführung im übrigen kategorisch verriß, räumte ein: «Herr Reinhardt allein, als Akim, stand auf der Höhe seiner Aufgabe.»[36] Winterstein fährt in seinem Bericht fort: «Ich bin heute rückschauend der Meinung, daß Reinhardt, obwohl er damals nicht Regie führte und kein Mensch etwas von seiner genialen Begabung ahnte, doch einen großen Einfluß auf uns alle ausübte, da ja die Aufführung, wie alle übrigen dieses Gastspiels, nicht das Werk eines Regisseurs war, sondern eine reine Kollektivarbeit darstellte.»[37] Die Erfolge der Truppe, und ganz konkret Reinhardts Leistung als Akim, wirkten auf Brahm zurück: im Herbst 1900 nahm er «Die Macht der Finsternis» ins Repertoire des Deutschen Theaters auf (mit Reinhardt als Akim) und begab sich von nun an selbst mit seinem Ensemble auf Reisen, so daß Reinhardt im Sommer des Jahres 1900 gleich zweimal in Wien gastierte – zuerst als Mitglied des Deutschen Theaters und dann als Schauspieler und Regisseur der Berliner Secessionsbühne. Bei dem Secessionsgastspiel in Budapest und in Wien zeichnete er zum erstenmal für eine Regie verantwortlich, für die Inszenierung von Ibsens «Komödie der Liebe». Brahm vertraute ihm daraufhin erste Rollen an, offensichtlich um ihn zu halten: Mephisto und, am 21. November 1900, die Titelrolle in der Uraufführung von «Michael Kramer». Es war eine besondere Auszeichnung, in den Augen der Kritik allerdings eine Fehlbesetzung. Vermutlich wurde Reinhardt spätestens in diesem Moment klar, daß seine Entwicklung als Schauspieler bereits an einem Höhepunkt angelangt war und daß er zur Verwirklichung der von ihm als notwendig erkannten Abkehr vom Naturalismus anderer, umfassenderer Funktionen bedurfte.

Im Anschluß an das Sommergastspiel von 1900 wurde die Secessionsbühne zur Institution und zog, unter der Führung von Paul Martin und Martin Zickel, in ein eigenes Haus am Alexanderplatz. Hier wurden Maeterlinck, Strindberg und Hofmannsthal aufgeführt (und wieder Ibsen), die dem Theaterpublikum bis dahin so gut wie unbekannt geblieben waren. Eine andere Gruppe, zum Teil aus denselben Mitgliedern bestehend, widmete sich der ebenfalls vernachlässigten antiken Tragödie. Max Reinhardt – noch am Deutschen Theater verpflichtet und dort fast allabendlich auf der Bühne – war an diesen Unternehmungen beteiligt (als Teiresias im «König Ödipus» und als Dritter Chorführer in der «Orestie») und dürfte hier nachhaltige Anregungen für seine späteren Arena-Inszenierungen empfangen haben. (Möglicherweise fand schon eine Begegnung mit Hugo von Hofmannsthal statt, der einen Prolog zur «Antigone»-Aufführung verfaßt hatte und in dessen Versdrama «Der Abenteurer und die Sängerin» Reinhardt um dieselbe Zeit auftrat.)

Eine weitere, aus derselben Unzufriedenheit mit dem naturalistischen und mit dem höfisch-trivialen Theater entstandene Form der szenischen Kunst bürgerte sich ein: das Cabaret oder, wie man in Berlin sagte, das «Überbrettl». Otto Julius Bierbaum hatte es 1897 in «Stilpe», seinem «Roman aus der Froschperspektive», als «die Renaissance aller Künste und des Lebens vom Tingeltangel her» propagiert; nun wurde es, in der Nachfolge der Bohème vom Montmartre, auch in Deutschland verwirklicht. Im Januar 1901 gründete Ernst von Wolzogen im Haus der nach wenigen Monaten gescheiterten Secessionsbühne das erste deutsche Cabaret. Im Gegensatz zum Pariser Vorbild, dem «Chat noir», der zu Beginn der achtziger Jahre organisch aus den Zusammenkünften eines Kreises von oppositionellen Künstlern entstanden war, wirkte jedoch Wolzogens «Überbrettl» wie eine Konstruktion, der die Lebenskraft fehlte. Es war ein mißlungener Versuch einer «Veredelung» des Varietés, nicht der Ausdruck einer künstlerischen oder politisch-satirischen Notwendigkeit. Allerdings hatte das «Überbrettl» Signalwirkung: bald schon war von der «Überbrettl-Seuche» die Rede – so viele ähnliche Unternehmungen tauchten auf. Wenige nur hatten beachtenswerte Folgen. Zu ihnen gehörten die im April 1901 erstmals auftretenden Münchner «Elf Scharfrichter», deren zentrale Figur Frank Wedekind wurde, und Max Reinhardts «Schall und Rauch».

Die sich humoristisch gebende Abkehr von der Vernunft des geregelten Betriebs gutbürgerlicher Konventionen und die Formulierung dieser Art von Unvernunft gegenüber (oder gemeinsam mit) ähnlich Gesinnten – «Leichtsinn» – war der erste Schritt. *Leichtsinnigerweise hat-*

te ich die Introduction dieses Unwohlseins nicht beachtet u. nahm statt Inhalations u. Transpirationsmitteln, andere Mittel ein, wie Soireen, Zigarren und andere Feminina.[38] Gemeinsam mit Max Marx, der Couplets erfand und Lieder zur Laute sang, hat Reinhardt das Berliner Bohème-Leben offenkundig genossen. *Wären wir nicht so gemeine Lumpen,* schrieb er einmal an Berthold Held, *und hätten wir nach gutbürgerlicher Art auch Bargeld erspart, so würde es sich von selbst verstehen, daß wir Dir auch einen Reisebetrag schicken würden.*[39] Es ist die Atmosphäre der «Galgenbrüder» um Christian Morgenstern, den Reinhardt schon in seinem ersten Berliner Jahr kennenlernte und den er einmal folgendermaßen apostrophierte:

Lieber Danton,

auch ich möchte, bevor ich Sie guillotinieren lasse, gerne mit Ihnen beisammen sein. Morgen ist jedoch ein angestrengter Tag, nachmittags bin ich aufreizender Weber Ansorge und abends versöhnender Pfarrer. Ich bin deshalb später fertig. Aber um halb elf abends, längstens elf Uhr, bin ich in A m e r i k a, b a r aller Begeisterung und werde mich freuen, Sie drüben zu begrüßen. Später spielen wir wohl Domino um Menschenköpfe . . .

Ihr Robespierre[40]

Einer der damals in Bierkellern gegründeten Vereine nannte sich «Die Brille»: eine satirische Anspielung auf Spießbürgertum und «kurzsichtige» Kunstanschauungen. Die Mitglieder, wie Reinhardt zumeist jüngere Schauspieler, aber auch Literaten und Maler, erklärten sich gegenseitig unter Zeremonien als «Sehende». Als sich im Herbst 1900 der lungenkranke Christian Morgenstern ärztlicher Behandlung unterziehen (und dann jahrelang in Sanatorien leben) mußte, bot die Absicht, seine Heilung finanziell zu unterstützen, dem Freundeskreis einen äußeren Anlaß, gegen Eintrittsgeld öffentlich aufzutreten. Reinhardt, Friedrich Kayßler und Martin Zickel organisierten Cabaretveranstaltungen, die vorläufig nur in mehrwöchigen Abständen und teils spät abends, teils als Matineen stattfinden konnten, da die Beteiligten an verschiedenen Berliner Bühnen fest engagiert waren. Das Unternehmen nannte man «Schall und Rauch», wohl auf den *Schall und Rauch großer Ausstattungstheater*[41] anspielend, den man zu parodieren gedachte. Am 23. Januar 1901, fünf Tage nach der Eröffnung des Wolzogenschen «Überbrettls», fand im Künstlerhaus am Potsdamer Platz (Bellevuestraße) der erste «Schall und Rauch»-Abend statt. Als «Verbrecher» (so nannten sich die Autoren) und «Helfershelfer» (Darsteller) war Reinhardt der Hauptbeteiligte. Von ihm stammten die Hauptnummern des Programms: *L'Intérieur oder das Intime Theater, ein Innen- und Außen-Vorgang, Zehn Gerechte, eine Reihe Parkett* und *Don Carlos an der Jahrhundertwende, Tetralogie der Stilarten.* Zwischen diesen szenischen Parodien wurden Gedichte und Lieder rezitiert. Die *Tetralogie* setzte Reinhardts bereits kurz nach seiner Ankunft in Berlin empfundene und ausgesprochene Kritik an den diversen Gattungen und «-ismen» in Parodie um; verballhornte «Don Carlos»-Szenen wurden in unterschiedlicher Manier präsentiert: *I. Teil: Alte Schule 1800–1890; II. Teil: Naturalistische Schule 1890–1900; III. Teil: Symbolistische Schule Sept. 1900–Januar 1901; IV. Teil: Überbrettlschule 18. Januar 1901–31. Januar 1901.* Als Trilogie wurde die «Don Carlos»-Parodie mit *L'Intérieur,* einer *Conférence* und drei weiteren Szenen Reinhardts aus dem «Schall und Rauch»-Repertoire (*Diarrhoesteia des Persiflegeles; Das Regiekollegium; Ein böhmischer Fremdenführer*) zu einem «Schall und Rauch»-Bändchen zusammengefaßt, das im Sommer 1901 (gleichzeitig mit einem entsprechend aufgemachten «Elf Scharfrichter»-Bändchen) im Verlag Schuster & Loeffler erschien. Es ist die einzige von Reinhardt veröffentlichte literarische Arbeit. Die auf dem Titelblatt genannte Auflagenzahl – zehntausend – ist wohl ein Teil des Scherzes und zugleich eine werbetechnische Fiktion.

Es ist bezeichnend für Reinhardts Entwicklungsstadium, daß sich seine Texte fast ausnahmslos mit Berufsfragen des Schauspielers – dramatischen Moden, dem Schauspielstil, dem Theaterbetrieb – befassen. Seine Parodie trifft die «-ismen» aufs schärfste. Naturalistische Überzeichnungen (*Karle, Diebskomödie*): *Karle, Neurastheniker, 21 Jahre alt, durch und durch verwachsen, auf dem rechten Auge etwas weitsichtig, zwerchfelleidend. Er hat das moderne, nervöse Reißen im Antlitz, leidet an habitueller Verstopfung und besitzt Plattfüße und einen Kahlkopf von hydrocephaler Formation ... Er spricht stoßweise und abgerissen und zwar durch die Nase ... Er pfeift auf alles. Nur manchmal ludert es unheimlich in ihm auf. Im übrigen spaziert er auf der Grenze zwischen Genie und Wahnsinn. Hinter den Ohren ist eine gewisse Feuchtigkeit bemerkbar. Er ist die Reinkultur eines modernen jungen Mannes.*[42] Symbolistisches Pathos (*Carléas und Elisande*): *Der Vorhang falle langsam, ohne daß man es merke. Die Musik verhalle. Das Licht erblasse. Das Publikum sitze tief ergriffen da und gehe nach einer stillen Weile lautlos auseinander.*[43] Es fällt auf, daß die polemischen Ansätze immer wieder durch Selbstpersiflage neutralisiert werden. Reinhardt selbst war vorher und nachher an der Durchsetzung der mystischen Dramen Maurice Maeterlincks maßgeblich beteiligt. Bei der ersten deutschsprachigen Aufführung von «Pelleas und Melisande» durch den Berliner Akademisch-Literarischen Verein am 12. Februar 1899 hatte er die Rolle des alten Königs gespielt. *Carléas und Elisande* und die «Intérieur»-Parodie (die auf den mißglückten Versuch, ein intimes Theater zu gründen, anspielt; Reinhardt als *alter Dienstmann*) ironisieren eben diese Bestrebungen und ihren mäßigen Erfolg. In *Diarrhoesteia*, fallen nicht nur Kritik und Publikum den Spöttern zum Opfer, sondern auch die eigene Beteiligung an der *Durchfallstragödie.* Brahm ließ sich, durch die scheinbare Richtungs- und Harmlosigkeit getäuscht, sogar dazu bewegen, der Fronde das Deutsche Theater zur Verfügung zu stellen. Am 22. Mai 1901 traten Reinhardt, Kayßler und Zickel dort vor einer «Schall und Rauch»-Matinee auf und sangen:

Wir kommen ins Deutsche Theater
Und machen Schall und Rauch
Und wenn Sie sich dabei amüsieren
Amüsieren wir uns auch.[44]

SCHALL
UND
RAUCH

ERSTER BAND

von

MAX REINHARDT

Mit Buchschmuck von Albert Fiebiger

Erstes bis Zehntes Tausend

Verlegt bei Schuster und Loeffler
Berlin und Leipzig 1901

Titelblatt «Schall und Rauch»

Es ist anzunehmen, daß zumindest Brahm sich nicht lange amüsierte. Reinhardt[45] hatte als weitere Satire auf den Naturalismus und damit auf Brahm für die Matinee eine «Weber»-Parodie verfertigt.

Mit dem ersten «Schall und Rauch»-Abend war eine Entwicklung, die das naturalistische Theater entmachten sollte, in ein sehr konkretes Stadium getreten. Bereits ein Jahr nach diesem Abend berichtete Kayßler an Morgenstern: «... nach endlosen ... Verhandlungen, die Reinhardt in bewundernswerter Geduld allein ... geführt hat, hat sich endlich die Sache auf folgende Weise gelöst: Reinhardt und ich haben Engagementsverträge für bestimmte Tätigkeiten. Reinhardt ist Bevollmächtigter von X. und hat die Direktionsgeschäfte. Endlich also ist ein Kopf da, was wir so lange ersehnten. Es kann ein Weg zu unserer Zukunft sein, nämlich für die Zeit, wo Brahm das Deutsche Theater aufgibt, und das ist wahrscheinlich in zwei Jahren, wo sein Vertrag abläuft.»[46]

Die Vorstellung im Deutschen Theater war ein kolossaler Erfolg und brachte unerwartete Publizität. Die «Berliner Illustrirte Zeitung» vom 2. Juni widmete der Veranstaltung einen zwei Seiten füllenden Artikel. An das Sommergastspiel des Deutschen Theaters in Wien (1901) schlossen sich Wiener «Schall und Rauch»-Aufführungen an. Schließlich gelang es auch, Geld aufzutreiben. Louise Dumont, die sich schon seit längerem mit Plänen zu einer Theatergründung trug, gab 50 000 Mark, Helene Leins, eine Stuttgarter Bekannte der Dumont, gab später dieselbe Summe (die dann an Reinhardt abgetreten wurde). Im Juli 1901 wurde zwischen Louise Dumont, Reinhardt, Kayßler und Held, den Reinhardt nach Berlin geholt hatte, ein Gesellschaftsvertrag (mit symbolischen Kapitaleinlagen der drei letzteren) geschlossen, der Reinhardt und Kayßler die künstlerische Verantwortung für eine geplante permanente Kleinkunstbühne übertrug. Berthold Held wurde mit administrativen und bühnentechnischen Aufgaben betreut, Hans Oberländer, dem der Akademische Verein keine Aufgaben mehr bot und der engagementfrei war, zum Konzessionsträger bestellt. Unter den Linden 44, Ecke Friedrichstraße, fand sich der geeignete Raum: Arnim's Festsäle, die von der Victoria-Café und Victoria-Hotel-Gesellschaft m. b. H. gemietet und in aller Eile umgebaut wurden. Dafür konnte der Architekt Peter Behrens gewonnen werden, der sich bereits intensiv für eine Reform der Bühne eingesetzt hatte.[47] Die für Reinhardts gesamtes Werk so charak-

Der Zuschauerraum des Kleinen Theaters («Schall und Rauch»)

teristische Einbeziehung des architektonischen Rahmens in die Inszenierung und seine Zusammenarbeit mit bildenden Künstlern wurden hier bereits verwirklicht. Schon für die ersten Programmzettel der «Schall und Rauch»-Abende hatte er den sezessionistischen Graphiker Edmund Edel engagiert; Briefpapier und Plakate entwarf Emil Orlik. Als die «Schall und Rauch»-Bühne am 9. Oktober 1901 eröffnet wurde, wirkten Atmosphäre und Raum stärker als die Darbietungen selbst. Als neu wurde empfunden, daß der Raum, mit einem Zeltdach, mit Masken und Rauchschwaden an den Wänden und einem griechischen Tempelgiebel über der Bühnenöffnung, dem spezifischen Charakter der Aufführung angepaßt war, nach präzisen Angaben Reinhardts. Am 27. Oktober wurden dann Reinhardts «Weber»- und «Don Carlos»-Parodien aufgenommen.

Für die Vorstellung am 15. November waren neue «Serenissimus-Zwischenspiele» vorgesehen und, wie üblich und unumgänglich, bei der Zensurbehörde eingereicht worden. Als deren Entscheidung bis zum Beginn der Vorstellung nicht eintraf, tauschten die Veranstalter die bereits ausgegebenen Eintrittskarten gegen «Mitgliedsausweise» um und deklarierten den Abend zur «geschlossenen» – das heißt zensurfreien – Veranstaltung. Diese «Serenissimus»-Szenen, humoristische, oft bis zu scharfer Satire reichende Anspielungen auf die Borniertheit und Selbstüberschätzung deutscher Großherzöge und Kleinfürsten, gingen auf eine von Otto Erich Hartleben im ersten Jahrgang der «Jugend» (1896) verfaßte und dann von verschiedenen Autoren beinahe allwöchentlich in der «Jugend» und im «Simplicissimus» variierte karikaturesk-dialogische Episode zurück. Die «Schall und Rauch»-Leute griffen sie auf, offensichtlich von einer Illustration im «Simplicissimus» inspiriert, die «Serenissimus» und seinen Adjutanten «Kindermann» in einer Hofloge zeigte, die Aufführung dümmlich kommentierend. Bei der Matinee im Deutschen Theater stand zum erstenmal eine Loge zur Verfügung – Anlaß, das Bild plastisch und akustisch zu transponieren.

Die Weber wurden dort als *Sondervorstellung vor Serenissimus* gegeben, *bearbeitet* und eingeleitet *von Freiherrn von Kindermann*: *Es ist mir zu meiner großen Freude gelungen, die Schärfen des Stückes abzuschleifen, alles Grobe und Häßliche auszuscheiden und die wenigen poetischen und moralischen Stellen zu verstärken und herauszuarbeiten, das Ganze gewissermaßen hoffähig zu gestalten, sodaß Serenissimus gewissermaßen nur den Extract, das Beste daran zu sehen bekommt.*[48] Daß hier nicht nur der naturalistische Stil, sondern auch die Hofbühne des Kaisers, das Königliche Schauspielhaus (Wilhelm II. mied das Deutsche Theater, im Gegensatz zu seinen Söhnen, die bei Reinhardt ein und aus gingen), und, auf dem Weg über die Satire gegen die Zensurmaßnahmen, der preußische Hof selbst in der Gestalt des «Serenissimus» verspottet wurden, war offensichtlich. Von jeher hatte Reinhardt sich gegen staatliche Eingriffe in die individuelle Freiheit, gegen Militarismus und Bevormundung durch zweifelhafte Autoritäten gewehrt. *... so ist selbstverständlich jeder Mord, jede lebensgefährliche Drohung schon mit den härtesten Strafen belegt, während beim Militär Mord und Todschlag in Massen systematisch eingedrillt u. staatlich sanctioniert wird ... Und*

Victor Arnold und Gustav Beaurepaire als Serenissimus und Kindermann

die Offiziere, diese Drohnen der Gesellschaft, nehmen eine unglaublich hohe sociale Stellung ein. Leute, die w i r bezahlen, knechten uns solange wir in der großen Elementarschule des Mordes von ihnen gedrillt werden, schrieb er 1895.[49] Es lag auf der Hand, daß die bald zur ständigen Einrichtung gewordenen, unaufhörlich variierten «Serenissimus-Spiele» mit ihrer immer wieder zu satirischen Spitzen getriebenen Situationskomik das Publikum anzogen. Dem Hof blieb das gewagte Spiel nicht verborgen. Im November 1901 erreichte den persönlichen Dienst der Kaiserin eine anonyme Zuschrift: «‹Quassel-Wilhelm› tritt jeden Abend als Serenissimus ... in Schall und Rauch auf und erheitert das Publikum mit seinen ‹geistreichen› Reden nach berühmten Mustern, weshalb wir uns erlauben, den ‹Hof› höflichst einzuladen ...»[50] Die Zensurbehörde hatte alle Hände voll zu tun, denn nicht nur die permanente Majestätsbeleidigung, auch andersartige «Exzesse» wurden geahndet. So wurde zum Beispiel «Director Hans Oberländer ... durch Verfüg. v. 30. 11. 01 7582 U 10.01 mit einer Geldstrafe von 15 M ev 2

Das Kleine Theater, Unter den Linden 44

Tagen Haft bestraft, weil er in seinem Theater ‹Schall und Rauch› geduldet hat, daß der Schauspieler Gustav Beaurepaire das von der Censur gestrichene Wort ‹Popo› am 9. 10. d. J. zum Vortrag brachte»[51].

Die «Serenissimus»-Nummern wurden das Zugstück von «Schall und Rauch».

REGIE

Als am 25. September 1902, kurz nach der Eröffnung der zweiten «Schall und Rauch»-Spielzeit, «Serenissimus, eine Hofgeschichte aus dem 18. Jahrhundert in vier Akten von Leo Feld» gegeben wurde, stand zum erstenmal in Berlin der Name Max Reinhardts als Regisseur auf dem Zettel. Dies war mehr dem Umstand zu verdanken, daß Reinhardt Mitte

Juli Otto Brahm seinen Austritt aus dem Deutschen Theater angekündigt hatte, als einer tatsächlichen Veränderung seiner Funktionen. De facto, und von den übrigen Beteiligten anerkannt, war Reinhardt von Beginn an die Seele des Unternehmens, auch wenn er offiziell erst nach seinem Ausscheiden aus Brahms Ensemble (zum 1. Januar 1903) als Leiter genannt wurde. Die nachträglich vieldiskutierte Frage, wer in der Frühzeit der ersten Reinhardt-Bühne «wirklich» Regie geführt habe (die Programme nennen u. a. Held, Beaurepaire, Oberländer, Arnold, Dill, Runge und Vallentin als Spielleiter), verliert an Bedeutung, wenn man bedenkt, daß Regie im heutigen Sinne des Wortes erst hier entstand, zunächst als Resultat einer gemeinsamen Anstrengung von Schauspielern, deren ursprüngliche Motivation einer von ihnen einmal so formulierte: «Wir können nicht die Schauspieler sein, die wir sein wollen und müssen, wenn wir kein geeignetes Theater haben. Und nun nenne mir ein einziges auf der Welt! Also muß man selber dafür sorgen.»[52] Es war ein Glücksfall, daß sich zur Erreichung dieses Ziels im «Schall und Rauch» die verschiedenen sezessionistischen Richtungen in ihren maßgeblichen Vertretern zusammenfanden – von der Antikenerneuerung bis zum «Überbrettl». Die im übrigen resonanzlose Aufführung des Feldschen «Serenissimus» markierte auch insofern einen Einschnitt, als mit ihr erstmals ein abendfüllendes Stück auf der «Schall und Rauch»-Bühne erschien. Der Übergang zum regulären Theaterbetrieb war vollzogen. Im Sommer war zu diesem Zweck ein erneuter Umbau des Saales erfolgt. Schon im Frühjahr hatte man sich einen Beinamen – «Schall und Rauch (Kleines Theater)» zugelegt, zum Beginn der neuen Spielzeit wurde die Reihenfolge der Bezeichnungen vertauscht, und wenig später ist nur noch vom «Kleinen Theater» die Rede. Seit Februar 1902 wurden neben den Cabaret-Nummern Einakter gespielt: Schnitzler, Salten und vor allem Strindberg. Im Herbst dann Stücke von Wedekind und Wilde, denen mit diesen Aufführungen der Durchbruch auf der Bühne gelang. Zwar waren fast alle diese Dramen bereits von anderen Bühnen gespielt worden, jedoch wirkungslos geblieben, weil Hoftheaterstil und naturalistische Spielweise keine adäquaten Ausdrucksmittel für die neue, sich bewußt von dem allmählich farblos gewordenen Realismus absetzende Dramatik zur Verfügung gestellt hatten. Die Kritik erkannte die neue Entwicklung sogleich, allen voran Siegfried Jacobsohn, der von da an Reinhardts treuester Herold wurde. Nach der Aufführung von Wildes «Salome» (die am 15. November 1902 aus Zensurgründen zunächst einmalig vor geladenem Publikum stattfand): «Von dem sinkenden Schiff haben sich vor einem Jahr ein paar kleine Schauspieler gerettet und sich über Nacht in die unternehmendsten und künstlerischsten Bühnenleiter Berlins verwandelt. Von Herrn Brahm dazu erzogen, aus dem Schein nüchternster Wirklichkeit bescheidene Blüten von Poesie hervorbrechen zu lassen, sättigen sie jetzt ihren verhaltenen Hunger nach Schönheit ... Die Einzelaufführung seiner ‹Salome› ergab eine Harmonie von Worten, Tönen, Gesten, Farben und Formen, die in Berlin noch nicht erlebt worden ist und unvergeßlich bleibt.»[53] Schokkierender war der Eindruck nach der Premiere von Wedekinds «Der Erdgeist» (17. Dezember 1902). Friedrich Kayßler schrieb damals an den

Autor: «Wissen Sie, was Sie heute getan haben? Sie haben die naturalistische Bestie der Wahrscheinlichkeit erwürgt und das spielerische Element auf die Bühne gebracht.»[54] Trotz solcher deutlich antinaturalistischen Siege verkannte man nicht die Impulse, welche die nun überwunden geglaubte Richtung dem Drama noch immer geben konnte. Es spricht für den Qualitätssinn des jungen Ensembles, daß es seine materielle Sicherung mit dem Serienerfolg von Maxim Gorkis «Nachtasyl» fand, einem Stück, in dem soziale Anklage und Milieuzeichnung dem naturalistischen Theater noch einmal frische Kraft zuzuführen schienen. Die überlieferten Reaktionen zeigen, daß mittlerweile ein neuer Stil der Schauspielkunst entstanden war, der nun am vertrauten dramatischen Genre gemessen werden konnte. «Das, womit Reinhardt der Aufführung ihr Außerordentliches gab, war zunächst die Besetzung: das Stück, das sehr viele Rollen enthält und darunter fast keine große Rolle, war mit lauter ausgezeichneten Schauspielern besetzt, von denen zwei Drittel neue, von ihm gefundene Menschen waren. Das Zusammenspiel war außerordentlich, und besonders fühlte man – zum ersten Mal – was man von da an so oft fühlen sollte: einen ordnenden rhythmischen Instinkt hinter dem Ganzen, der den einzelnen Momenten des Spiels eine wunderbare Abstufung von Schnell und Langsam und vom Pianissimo bis zum Fortissimo gab.»[55]

Es ist bezeichnend, daß Hugo von Hofmannsthal Reinhardts führende Hand hinter dem Spiel zu erkennen glaubte, obwohl nicht er, sondern Richard Vallentin für die Regie verantwortlich zeichnete. Die «Salome»-Matinee hatte (laut Theaterzettel) Hans Oberländer inszeniert. Zweifellos waren Oberländer und vor allem Vallentin ausgesprochen starke Talente, jedoch zeigte sich – trotz der lange gewahrten Anonymität – offensichtlich zu diesem frühen Zeitpunkt schon klar, daß jener «ordnende rhythmische Instinkt hinter dem Ganzen» derjenige Reinhardts war. Reinhardt vereinigte nun seine überragenden Fähigkeiten als Regisseur und Pädagoge mit denen eines Theaterleiters, der sämtliche künstlerischen Komponenten des Unternehmens auswählte und fest in der Hand hielt. Nicht zuletzt aus dieser Kombination resultierte sein kometenhafter Aufstieg. Hofmannsthals Umschreibung des Phänomens ist aber auch insofern zutreffend, als sie das Zusammenwirken verschiedener Individualitäten nicht leugnet. Denn ein Charakteristikum des Regisseurs, der in und durch Reinhardt zur schöpferischen Persönlichkeit wurde, ist – so paradox das erscheinen mag – die Fähigkeit, zurückzutreten und Eindrücke aufzunehmen: *Anhören schadet nicht und man kommt dadurch auf Ideen.*[56] Die Kunst, zuzuhören, individuelle Leistungen in ihrem Kern zu erfassen und anzuerkennen, sie zu fördern, um sie dann in die Harmonie einer Aufführung einzubeziehen, ist Reinhardts immer wieder beschriebene und meistbewunderte Eigenschaft.

Ein frühes und – insbesondere auch für Reinhardts Beziehung zu zeitgenössischen Autoren – wegweisendes Ergebnis waren Entstehung und Aufführung von Hofmannsthals Tragödie «Elektra». «Lust, das Stück hinzuschreiben», berichtet Hofmannsthal, «bekam ich plötzlich auf das Zureden des Theaterdirektors Reinhardt, dem ich gesagt hatte, er solle antike Stücke spielen, und der seine Unlust mit dem ‹gipsernen› Charak-

Hugo von Hofmannsthal, 1912 (Foto: Thea Sternheim)

ter der vorhandenen Übersetzungen und Bearbeitungen entschuldigte.»[57] Im Frühjahr 1903 hatte Hermann Bahr anläßlich eines Wiener Gastspiels des Kleinen Theaters Reinhardt und Gertrud Eysoldt mit Hofmannsthal zusammengebracht, den die Nastja der Eysoldt (in «Nachtasyl») faszinierte. Ihr leidenschaftliches Spiel schwebte ihm bei der Gestaltung der Elektra-Figur vor, wie die Atmosphäre der Reinhardtschen Aufführungen für den Stil des ganzen Dramas bestimmend wurde – ein Vorgang, der sich in der Zukunft noch oft wiederholte. Das Zusammentreffen Reinhardts und Hofmannsthals in diesem Augenblick erscheint wie eine notwendige Koinzidenz. Reinhardt strebte als Spieler und Interpret vom Grau in Grau des ganz aufs Wort fixierten naturalistischen Dramas weg zu einem farbigen, mimisch und visuell orientierten Theater; Hofmannsthal hatte mit «Der Tor und der Tod», «Das Kleine Welttheater», «Der Tod des Tizian» und den übrigen Versdramen seines Jugendwerks eine Reihe von lyrisch-dramatischen Gebilden geschaffen, in denen der Buchstabe weniger bedeutete als der Klang und die suggestive Wirkung des Wortes – Qualitäten, die zu verwirklichen die naturalistische Bühne nicht in der Lage war. Die bekannte Krise in Hofmannsthals Entwicklung, die Skepsis gegenüber der Sprache, wie sie in dem imaginären «Brief des Lord Chandos» von 1902 ausgedrückt ist, hing zweifellos mit dem Mißgeschick seiner Werke auf dem Theater zusammen. Auf der Suche nach neuen Ausdrucksformen gelangte er zur stummen Form, zu Pantomime und Ballett («Der Schüler», «Triumph der Zeit»), als ihm das Reinhardtsche Theater anbot, Farbe und Form, stummes Spiel und symbolische Wirkung mit seiner Wortkunst zu verbinden. Seit den ersten «Schall und Rauch»-Abenden hatten pantomimische Elemente eine entscheidende Rolle gespielt. Neben Reinhardts sehr bewußt in diese Richtung strebenden Intentionen war die Entwicklung vor allem Gertrud Eysoldts spezifischer Begabung zu verdanken. Sie hatte in Strindbergs Dialog «Die Stärkere» eine rein pantomimische Rolle verkörpert, hatte als Salome und Lulu die Berliner durch eine nie dagewesene Verbindung von scharf psychologischer Charakterisierung und unrealistisch-ekstatischer Übersteigerung begeistert. Unter diesem Eindruck vollendete Hofmannsthal schließlich nicht eine «Bearbeitung» der Sophokleischen «Elektra», sondern ein eigenes Werk. Die Titelfigur, die im antiken Drama primär als Vollzugsorgan des rächenden Schicksals fungiert hatte, wurde nun individuell motiviert, ihr Charakter als Extremfall subjektiven Leids und dynamischer Passion psychologisch aufgebaut. Stummes Spiel wurde zum integrierenden Bestandteil des Geschehens: während Sophokles' Elektra weiterlebt, stirbt die Hofmannsthalsche nach einem rasenden Schlußtanz. Eine solche Emotionalisierung des alten Stoffs konnte nur im konkreten Hinblick auf die kongeniale szenische Verwirklichung erreicht werden, und tatsächlich fand Hofmannsthals Schritt von der vorwiegend lyrischen zur dramatischen Dichtung hier seinen entscheidenden Antrieb. Gleichzeitig setzte eine intensive persönliche und schöpferische Bindung zwischen ihm und Max Reinhardt und seinem Theater ein. Offensichtlich von Reinhardts Maeterlinck- und Wilde-Aufführungen und insbesondere von Lovis Corinths suggestiven Dekorationen zu «Salome» und «Pelleas und Melisande» inspiriert, formulierte Hofmannsthal seine prinzipiellen Überlegungen zum Symbolgehalt von Bühnenraum und Kostüm und machte nun seinerseits Reinhardt und Corinth detaillierte Vorschläge für die Inszenierung der «Elektra». Seine «Szenischen Vorschriften zu ‹Elektra›» und der Aufsatz «Die Bühne als Traumbild» sind zugleich eine Zusammenfassung des von Reinhardt Erreichten und eine Art Manifest.[58] Festlegen ließ sich Reinhardt allerdings nicht, etwa auf ein vorwiegend neuromantisch orientiertes Repertoire oder auf die stilisierend-suggestive Gestaltung der Szene. Weder Wedekind noch Gorki hätten in ein solches Schema gepaßt, ebensowenig die Klassiker. «Jedes Werk wurde von sich aus inszeniert. Mit jeder Inszenierung wurde die Theaterkunst von vorn angefangen.» So charakterisierte Herbert Jhering Reinhardts Regiekonzept. «Klassische Tragödien und Komödien wurden mit jungen Augen gesehen, als ob sie niemals aufgeführt worden wären.»[59] Schließlich verdankte Reinhardt seinen Ruhm nicht allein der Tatsache, daß es ihm als erstem gelang, die Stücke einer neuen Generation von Dramatikern stilgerecht auf die Bühne zu bringen, sondern fast mehr noch seinen Klassikerinszenierungen. Im Februar 1903 führte der sensationelle

Szenenbild aus «Ein Sommernachtstraum»

Erfolg von «Das Nachtasyl» dazu, daß Reinhardt die Direktion einer weiteren Bühne übernahm. Im Neuen Theater am Schiffbauerdamm (dem heutigen Domizil von Brechts «Berliner Ensemble»), dessen Schauspieler er zum Teil mit aufnahm, inszenierte er die ersten klassischen Stücke: am 14. Januar 1904 «Minna von Barnhelm», ein Jahr später Shakespeares «Sommernachtstraum». *Als ich mich entschlossen hatte, ihn zu machen, ging ich in die Berge um dort in Ruhe an meinem ersten Regiebuch zu arbeiten ... Es wurde ein ungeheurer Erfolg. Junge Menschen wurden von jungen Menschen gespielt – es gab richtige Bäume auf der Bühne – das war dem Publikum alles ganz neu und entzückte es.*[60] (Karl Kraus sprach von «dem epochemachenden Humbug des ‹Sommernachtstraum› – worin die fixe Idee, Elevinnen als Versatzstükke zu bewegen, als Vision bestaunt wurde, die Leuchtkäfer ein Wunder der Technik waren, das auf Latten geheftete Gras echt und die Schauspieler aus Pappe ...»[61])

Die Sensation der Aufführung von 1905 war die (von Karl Walser ausgeführte) Gestaltung des Bühnenraums: plastische, auf eine Drehbühne montierte Dekorationen, ein die ganze Bühne ausfüllender Wald, durch den Shakespeares Elfen und Liebespaare schwebten. Zum erstenmal in der Theatergeschichte wurde die – von Reinhardt bei der Übernahme des Theaters eingebaute – Drehbühne als dramaturgisches Mittel eingesetzt. Die verschiedenen Schauplätze wurden vor Beginn auf der Drehscheibe aufgebaut, so daß Umbauten nicht mehr nötig waren. Das beschleunigte die Szenenfolge und ermöglichte dynamische Wirkungen, vor allem, wenn mitten im Spiel bei offenem Vorhang die Drehung einsetzte. «Um zehn Uhr dreht sich bei Reinhardt der Wald» wurde zum geflügelten Wort in Berlin.

Die Intensität der Wirkung von Reinhardts Regie war aber vor allem auf seine Arbeit mit den Schauspielern zurückzuführen. Als ebenso überraschend wie der sich drehende Wald wurde beispielsweise Gertrud Eysoldts Puck empfunden: aus dem schäferlich-preziösen Ballettgeschöpf konventioneller Aufführungen war unter Reinhardts Händen ein dämonisches Naturwesen geworden, «borstig, struppig, zottig, dicht an der Tierheit; eine Gestalt, die nach schwarzer Erde riecht; ein Naturlaut, der Gestalt bekommen hat...»[62] Ein derart aktives Verhältnis zum Drama war neu. *Brahm* (der auch im herkömmlichen Sinn kein Regisseur war, sondern Literat und Theaterdirektor) *saß zwar im Parkett und machte unfehlbare kritische Bemerkungen, aber auf der Bühne gab es nur Techniker, von denen nie eine künstlerische Anregung kam. Die Schauspieler mußten sich das alles selbst machen.*[63] Entsprechend war die Situation an den übrigen deutschen Bühnen; in Frankreich hatten Antoine, in Rußland Stanislavskij bereits die Arbeit mit dem Schauspieler in den Mittelpunkt ihrer Bühnenreform gestellt. Die Aufgabe des Regisseurs beschränkte sich auf das Korrigieren von «Fehlern» der Schauspieler, die Haltung, Rhythmus und Sprechweise selbst bestimmten, und auf das Festlegen von Auftritten und Abgängen. Schon aus den Formulierungen der Engagementsverträge, etwa dem, den Brahm mit Reinhardt 1898 abschloß[64], geht hervor, daß Regie im Sinn von schöpferischer Verlebendigung der Szene noch nicht existierte. In einem das Kostüm betreffenden Paragraphen wurde zum Beispiel festgelegt: «Dem männlichen Mitglied wird das zu den Vorstellungen erforderliche historische Kostüm nach Anordnung der Bühnenleitung geliefert. Dagegen hat es die moderne Tracht ... auf eigene Kosten anzuschaffen und ... alle Weisungen der Bühnenleitung in Betreff der Frisur, des Bartes und dergleichen genau zu beobachten.» Da bei Reinhardt jedes Stück bis ins kleinste Detail mit neuen Kostümen und Dekorationen ausgestattet wurde, fielen derartige Bestimmungen nun automatisch weg, ebenso wie die Fixierung der Darsteller auf bestimmte stereotype «Rollenfächer». Die Schauspieler waren dankbar für diese Befreiung. Reinhardt hat in seinen autobiographischen Notizen sein eigenes Vorgehen bei einer Inszenierung skizziert. *Man liest ein Stück. Manchmal zündet es gleich. Man muß vor Aufregung innehalten im Lesen. Die Visionen überstürzen sich. Manchmal muß man es mehrfach lesen, ehe sich ein Weg zeigt. Manchmal zeigt sich keiner. Dann denkt man an die Besetzung der großen und kleinen Rollen, erkennt, wo das Wesentliche liegt. Man sieht die Umwelt, das Milieu, die äußere Erscheinung. Manchmal muß der Schauspieler der Rolle angepaßt werden, wenn das möglich ist. Manchmal die Rolle dem Schauspieler. Das gelesene, das gespielte Stück. Niemals eine absolute Congruenz. Idealfall, wenn der Dramatiker für seine Schauspieler schreibt, ihnen die Rollen auf den Leib schreibt. Shakespeare, Molière (für sich selbst), Nestroy, Scholz ... Schließlich hat man eine vollkommene optische und akustische Vision. Man sieht jede Gebärde, jeden Schritt, jedes Möbel, das Licht, man hört*

Gertrud Eysoldt als Puck

jeden Tonfall, jede Steigerung, die Musikalität der Redewendungen, die Pausen, die verschiedenen Tempi. Man fühlt jede innere Regung, weiß wie sie zu verbergen und wann sie zu enthüllen ist, man hört jedes Schluchzen, jeden Atemzug. Das Zuhören des Partners, jedes Geräusch auf und hinter der Scene. Der Einfluß des Lichtes. Und dann schreibt man es nieder, die vollkommenen optischen und akustischen Visionen wie eine Partitur ... Man weiß gar nicht, warum man das so oder anders hört und sieht. Der gute Schauspieler, den man kennt, steht vor einem. Man komponiert ihn hinein, weiß was er machen kann und wie und was er nicht kann. Man spielt alle Rollen. Dann liest man das Geschriebene vor der Probe durch, ändert das und jenes, fügt hinzu. Aber das ist gewöhnlich wenig. Man spricht mit den Schauspielern über ihre

Rollen, sagt das Wesentliche. Dann kommt die Leseprobe. Man sagt keine Details, nur denen, die man schon genau kennt. Aber man macht ihnen Lust. Kardinalfrage: sie müssen glücklich sein, freudig, zuversichtlich, müssen an sich, ihre Rollen glauben – auch der, der die kleinste hat. Man hört zu, kriegt neue Ideen; mancher Zufall spielt mit ... Einige weinen, lachen außerhalb ihrer Rollen. Man belauert sie, fischt, hält fest ... Man verhaftet Tonfälle, Bewegungen, spioniert ... Einige haben eigene Ideen, wollen den lustigen Teufel durchaus als gefallenen Engel spielen ... Manche spielen gleich etwas vor. Das ist ... oft irgendwie zu verwerten. Dann kommen Proben, in denen die Schauspieler lesen ... Man sagt die Stellungen, spricht über die Absichten des Dichters, legt Tempo, das allgemeine, fest. Dann überläßt man am besten einige Proben dem Assistenten. Das ist gut. Der Schauspieler fühlt sich freier, weniger bedrängt. Der Assistent ... läßt die Schauspieler möglichst ihre eigenen Wege laufen ... Dann kommt man, hört zu. Manches ist neu, interessant, persönlich geworden. Man ändert, verwirft, baut manches auf. Man hat von vielem ein neues Bild, spricht mit dem Autor, findet heraus, was für den und für jenen Schauspieler geändert, gestrichen oder neu aufgebaut werden muß. Alles ist im Fluß. Nun beginnt die Arbeit. Man rückt mit den Einzelheiten heraus, probiert, legt fest. Über die Bereicherung des Tonfalls, der Melodie der Sprache ... Die Bedeutung der Pause: das Wichtigste im Sprechen wie das Stehenbleiben das Wichtigste beim Skilaufen ist ... Die vollkommene Auflösung der Interpunktion. Komma: undramatisch, akademisch, buchmäßig. Das Dramatische ist der Punkt mitten in einem Satz. Das Denken, das Bilden eines Gedankens. Seine Entstehung. Das Suchen nach Worten, namentlich, wenn sie ungewöhnlich sind. Das Zuhören. Das In-die-Augen-sehen. Wie es den Ton verändert. Wie Füße, Hände, Blicke reden. Das Gehenkönnen in der Erregung. In der Ruhe. Der Stellungswechsel. Das Spielen mit dem Requisit. Möbel, Tische, Stühle, Wände einbeziehen als Ausdrucksmittel. Nichts Zufälliges. Kein Möbel, das nicht mitspielt, nur als Dekoration verwendet wird ... Äußerste Sparsamkeit mit dem Wort, dessen letzte Knappheit eine Vorbedingung für das Drama ist ... Nur der den Narren spielt, will närrisch wirken. Der wirkliche Narr erscheint zunächst gar nicht närrisch. Irgendeine zufällige Wendung, eine plötzliche, unerwartete und unbegründete Erregung verrät ihn. Der Ausdruck der Gemütsbewegung bei Kindern und Tieren ... Man versucht das und jenes, hält sich nie eigensinnig an das, was man aufgeschrieben hat, bleibt offen für alles, schon um dem Schauspieler den weitesten Spielraum zu geben und ihm vor allem Lust und immer wieder Lust zu machen. Denn dann wird er am besten sein. Kritik ist eine gefährliche, oft tödliche Waffe. Brahm hatte fast immer recht. Er war der beste, fast unfehlbare Kritiker. Aber er deprimierte.[65]

Hermann Bahr hat (1909) den äußeren Probenvorgang beschrieben: «Auch als Regisseur hält er sich ganz still und scheint zuerst eher ein bißchen verlegen ... Meistens sitzt er gelassen vorn an seinem Tisch, ein wenig vorgeneigt und horchend. Hat er einmal einem etwas zu sagen, so steht er auf, geht still zu ihm hin und sagts ihm ins Ohr. Will dieser antworten, weil er es anders meint, so hört er ihm willig zu, und

1905

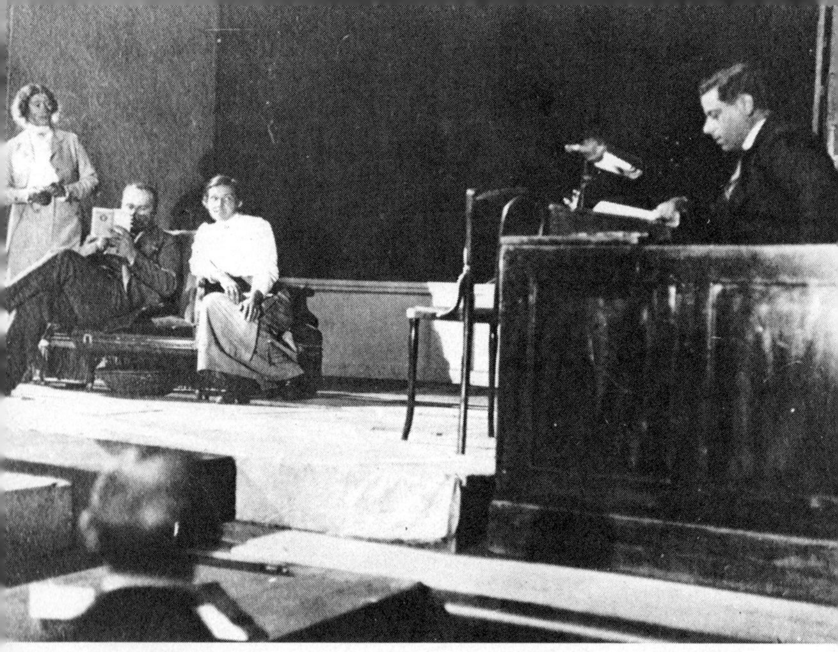

Am Regiepult

es wird nun so lange versucht, bis er den Schauspieler oder der Schauspieler ihn überzeugt. Hat der Schauspieler ihn überzeugt, so macht er es dem Schauspieler vor: er macht dem Schauspieler das, was der Schauspieler will, nun auf eine Art vor, die dem Schauspieler selbst wirksamer als die eigene erscheint, und deswegen arbeiten die Schauspieler so gern mit ihm, weil sie das Gefühl haben, daß er ihnen nichts aufdrängt, sondern ihnen nur dazu verhilft, für ihren eigenen Sinn den rechten Ausdruck zu finden.»[66]

Max Reinhardts – zum größten Teil noch erhaltene – Regiebücher sind faszinierende Zeugnisse seiner gedanklichen Umsetzung des dramatischen Textes in räumliche Aktion. Sie haben den Charakter von Partituren des Spiels. Zwischen den Zeilen des Stücktexts, mit breiter Feder und der auch in Briefen bevorzugten violetten Tinte, Bemerkungen, die Bewegung und Mimik andeuten, Hinweise für Tempo und Betonung, gelegentlich auch Textänderungen geben. Auf eingefügten Blättern ausführliche dramaturgische Erklärungen, längere Texte für pantomimische Einfügungen, etwa zur Charakterisierung der Situation am Aktanfang oder als symbolisches Resümee am Ende einer Szene; Vorschriften für Musik, Beleuchtung und Szene; häufig Stellungsskizzen, Grundrisse, Bühnenbilddetails von Reinhardts Hand. Daneben und dazwischen Bleistiftnotizen, die während der Proben gewonnene Einsichten fixieren. Oft, bei mehrmals von ihm inszenierten Werken, eine dritte und vierte Schicht in anderer Farbe. Am Anfang und Ende Datum und Ort der Arbeit an dem Regiebuch und das häufig variierte, auf allen Briefen und Manuskripten persönlicheren Charakters zu findende blumenartige ornamentale Zeichen, in dem die Anfangsbuchstaben geliebter Menschen und Orte verschränkt sind. (Ab 1918 zum Beispiel darunter immer ein «L» als Synthese von «Leni» [Helene Thimig] und «Leopoldskron».)

Bahr charakterisiert Reinhardts Arbeitsweise so: «Sein Buch hat er meistens auf der ersten Probe schon fertig. Im Sommer, auf dem Lido, macht er es am liebsten bereit, im Sand vor seiner Capanne, aus nassem Sand habe ich ihn einmal dem Kolo Moser die Dekorationen des Julius Cäsar aufbauen sehen. Kommt er im Herbst zurück, so bringt er alles schon mit. Das ganze Stück steht vor ihm, die Drehbühne ist eingeteilt, jede Stellung und jede Gebärde zu jedem Wort aufnotiert. Er ist fertig, bevor er beginnt; und jetzt fängt er aber eigentlich erst an: das ist sein Geheimnis. Es gibt nämlich Regisseure, die fertig sind, wenn sie beginnen; und andre die, wenn sie beginnen, auf der Bühne erst anfangen: er ist diese beiden Regisseure zusammen. Denn aus diesen beiden Vorstellungen, aus seiner eigenen und aus der der Schauspieler, jetzt erst eine dritte zu machen, das Kind jener beiden, ist seine Leidenschaft. Er ist ein großer Menschenfresser und – die Gefressenen leben davon.»[67]

DEUTSCHES THEATER

Der Triumph des «Sommernachtstraums», Reinhardts persönlicher Erfolg, signalisierte die Emanzipation der Regie. Nicht der Schauspieler Reinhardt, nicht der Theaterdirektor wurde über Nacht weltberühmt, sondern der Regisseur. Die Hoffnungen, die man in ihn als Regisseur und Theaterleiter setzte, führten ihn in Kürze an die Spitze des Deutschen Theaters. Komplementär zu seinem Aufstieg hatte sich Otto Brahms Abstieg vollzogen. Adolph L'Arronge bewies auch hier wieder, wie schon bei der Übergabe der Direktion an den Mann der Stunde von 1894, Brahm, den richtigen Instinkt. Spätestens nach der Jahrhundertwende zeigte sich auch der Öffentlichkeit, daß die entscheidenden Werke der naturalistischen Richtung bereits entstanden waren und daß Brahm nicht die Fähigkeit besaß, ihnen neue Aspekte abzugewinnen. Der einstige Neuerer mußte dazu übergehen, sich an den Taten seiner abtrünnigen Schüler zu inspirieren. Er spielte deren Repertoire nach, ging seinerseits auf Tournee, engagierte plötzlich bedeutende Maler (Max Slevogt für «Der Richter von Zalamea»). Zumal er nicht selbst inszenierte, mißlangen diese von keinem wirklichen Bedürfnis getragenen Imitationsversuche. Als 1902 publik wurde, daß L'Arronge Brahms Vertrag nach zehnjähriger Pacht nicht zu verlängern gedachte, stimmte selbst Alfred Kerr, Brahms glühendster Verteidiger, dieser Entscheidung zu. Kritik und Publikum quittierten Brahms Tätigkeit noch mit Respekt, allerdings auch mit Desinteresse. Im Sommer 1904 mußte er ins Lessing-Theater umziehen.

Nicht der äußere Erfolg allein und Reinhardts frischer Wind dürften

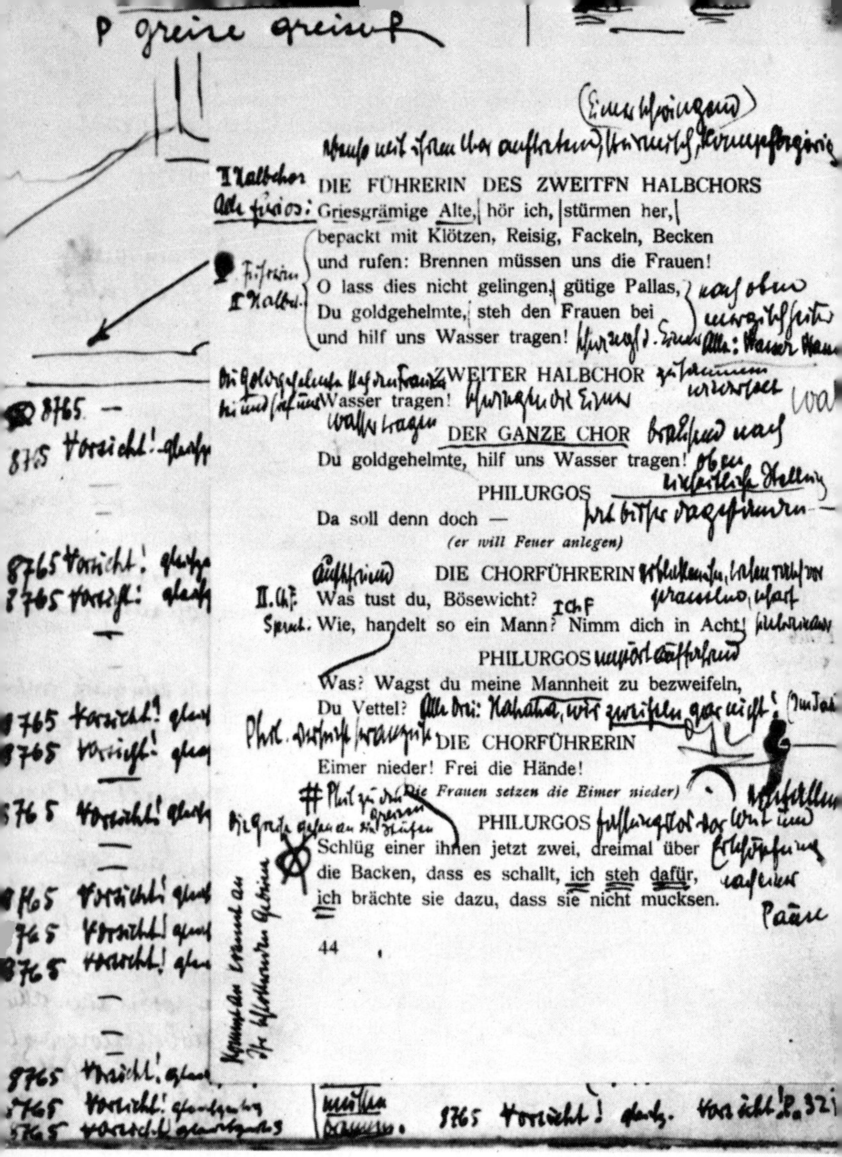

DIE FÜHRERIN DES ZWEITFN HALBCHORS

Griesgrämige Alte, hör ich, stürmen her,
bepackt mit Klötzen, Reisig, Fackeln, Becken
und rufen: Brennen müssen uns die Frauen!
O lass dies nicht gelingen, gütige Pallas,
Du goldgehelmte, steh den Frauen bei
und hilf uns Wasser tragen!

ZWEITER HALBCHOR

Wasser tragen!

DER GANZE CHOR

Du goldgehelmte, hilf uns Wasser tragen!

PHILURGOS

Da soll denn doch —

(er will Feuer anlegen)

DIE CHORFÜHRERIN

Was tust du, Bösewicht?
Wie, handelt so ein Mann? Nimm dich in Acht!

PHILURGOS

Was? Wagst du meine Mannheit zu bezweifeln,
Du Vettel?

DIE CHORFÜHRERIN

Eimer nieder! Frei die Hände!

(Die Frauen setzen die Eimer nieder)

PHILURGOS

Schlüg einer ihnen jetzt zwei, dreimal über
die Backen, dass es schallt, ich steh dafür,
ich brächte sie dazu, dass sie nicht mucksen.

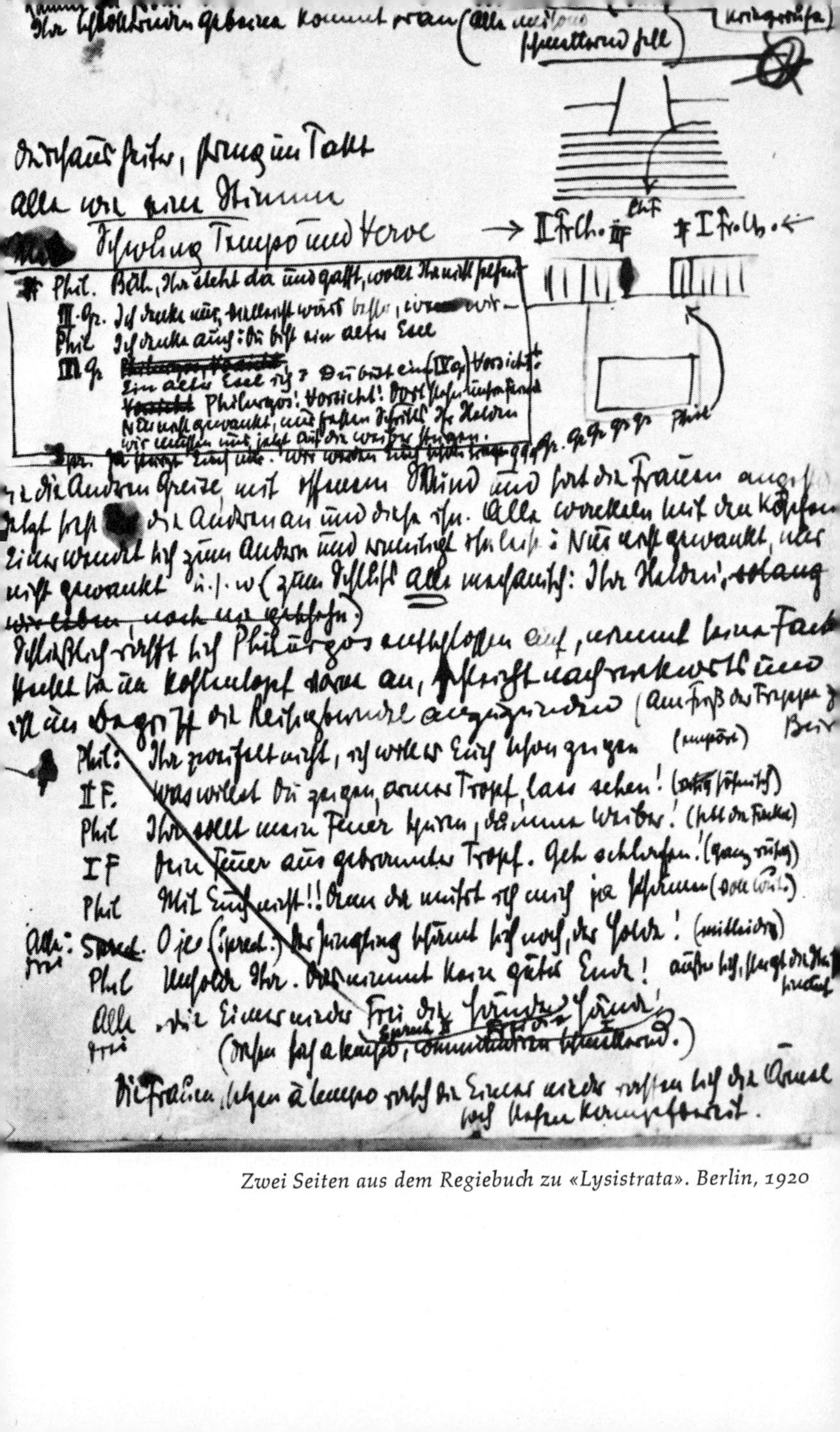

Zwei Seiten aus dem Regiebuch zu «Lysistrata». Berlin, 1920

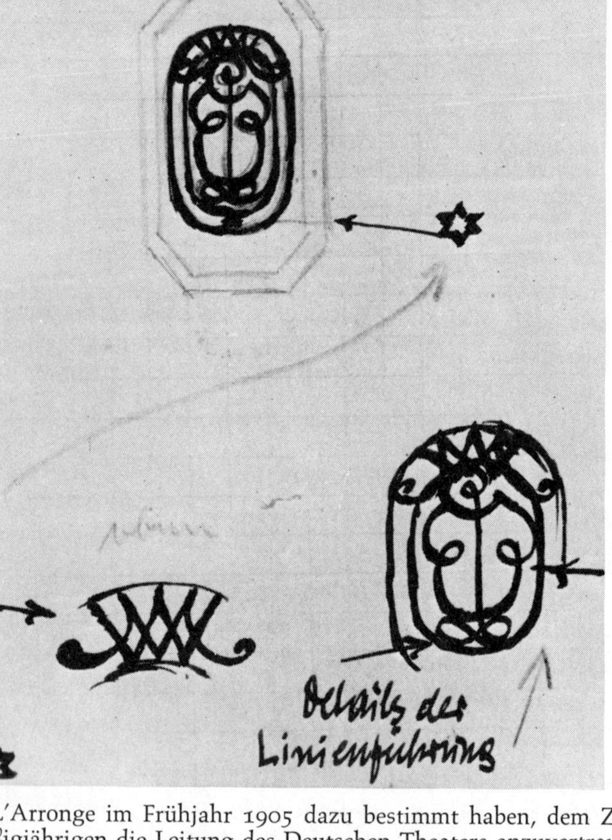

Varianten von Reinhardts Signet

L'Arronge im Frühjahr 1905 dazu bestimmt haben, dem Zweiunddreißigjährigen die Leitung des Deutschen Theaters anzuvertrauen, sondern letztlich die Überlegung, daß Reinhardts Vielseitigkeit, die sich ja inzwischen auch an klassischen Dramen bewährt hatte, der Bühne ihren seit ihrer Gründung intendierten repräsentativ-«nationalen» Charakter zurückgeben konnte. Zudem beeindruckte ihn Reinhardts geschäftliche Leistung, die einige Sicherheit zu versprechen schien: ein ständiges Alternieren und Sich-Bedingen von künstlerischem und materiellem Erfolg. Die Hoffnungen, die in ihn gesetzt worden waren, waren stets noch übertroffen worden. Schon für die Gründung und den Ausbau von «Schall und Rauch» hatte Reinhardt nicht nur Louise Dumonts und Helene Leins' Kapitalbeteiligung eingebracht, sondern auch die gewichtige Unterstützung durch eine Berliner Arztwitwe, Emmy Löwenfeld, die, von seiner Genialität überzeugt, auch die 14 000 Mark Konventionalstrafe vorstreckte, die Brahm von Reinhardt wegen seines vorzeitigen Ausscheidens aus dem Ensemble verlangte. Wie schon nach dem «Nachtasyl»-Erfolg für die Übernahme und den Umbau des Neuen Theaters, so gelang es auch jetzt wieder (mit Hilfe Felix Hollaenders und des Bruders Edmund), von Geschäftsleuten und Banken das für die Führung des Deutschen Theaters nötige Kapital aufzutreiben. Max Epstein, Autor eines der frühesten Bücher über Max Reinhardt, beschreibt, wie sich die Geldgeber förmlich drängten. Die Investition lohnte sich, auch auf Dauer, wie sich bald zeigte. Reinhardt konnte 1932, als er die künstlerische und geschäftliche Leitung seiner Häuser an Rudolf Beer und Karlheinz Martin abgab, feststellen: *Das Deutsche Theater ist das einzige künstlerische Privattheater in der Welt, das ... sich ohne jede Subvention und daher frei von jeder politischen und parteilichen Bindung aus eigenen Mitteln erhalten hat.*[68]

Als Reinhardt am 19. Oktober 1905 das Deutsche Theater mit Kleists «Käthchen von Heilbronn» eröffnete, hatte das Haus auch architektonisch ein neues Gesicht erhalten. L'Arronge hatte die Abgabe der beiden anderen Bühnen zur Bedingung gemacht. Zwar behielt Reinhardt das Neue Theater noch ein Jahr lang, doch widmete er seine ganze Energie dem Umbau und den ersten Inszenierungen des Deutschen Theaters. Zuschauerraum und Foyer wurden aufgehellt und modernisiert, Bühnenhaus und Orchesterraum erweitert, eine Drehbühne von 18 Meter Durchmesser wurde eingebaut. Es ist bezeichnend, daß technische Neuerungen mit Reinhardts Inszenierungsprinzip Hand in Hand gingen. *Ich persönlich strebe, wie Du weißt, seit jeher durchaus dahin, womöglich alles plastisch zu machen und den Schnürboden vollständig außer Gebrauch zu lassen. Was von da oben kommt, ist meistens faul. Es sind zu allererst jene blauen Fußlappen des lieben Gottes, dann alle flatternden Städte, Berge und Burgen, gemalte Baumkronen und schreckliche, ewig weiße, ewig schmutzige, durchlöcherte Plafonds ... Meine schrecklichsten Erinnerungen noch vom Kl. Theater hängen mit dem Schnürboden zusammen. Da lauern tausend Gefahren ... Eine große Drehbühne auf der womöglich das ganze Stück vorher sorgsam und sicher plastisch aufgestellt ist, mit Plafonds (plastischen dann natürlich) mit Baumkronen a. d. Bäumen und einer Himmelskuppel darüber – das ist mein Ideal.*[69] Reinhardts Anweisungen für die technischen Veränderungen gingen bis ins Detail. In Max Kruse und Gustav Knina – beide sowohl Techniker als auch Schöpfer suggestiver Bühnenräume – standen ihm ausgezeichnete Berater zur Seite. Mit ihrer Hilfe wurden die neuesten, größtenteils noch unerprobten Erfindungen – auch diejenigen Appias und Craigs – studiert, nutzbar gemacht und in die Theaterpraxis eingeführt. Einige dieser Neuerungen wurden sogar als Patent eingetragen, so die einer *Theaterbühne mit stetig gekrümmter Rückwand* unter Max Reinhardts Namen. Reinhardt hatte, angeregt durch Hofmannsthal, der an «Ödipus und die Sphinx» arbeitete und an der geplanten szenischen Realisierung seines Dramas am Deutschen Theater regen Anteil nahm, im Sommer 1905 Mariano Fortuny in Paris aufgesucht und den von ihm konstruierten plastischen Rundhorizont kennen und bewundern gelernt. Als es nicht gelang, Fortuny für eine Mitarbeit in Berlin zu gewinnen, entwik-

Adolph L'Arronge

kelte Reinhardt das Prinzip selbst weiter und baute die nach oben geöffnete Himmelskuppel in sein Theater ein. *Das Wesen der Erfindung besteht darin, daß der Bühnenraum nach hinten nicht durch ebene Wände, sondern durch eine gegen den Zuschauerraum und nach oben offene, stetig gekrümmte Rückwand, die die Kulissen und alle Versatzstücke überragt, abgeschlossen wird. Diese Fläche, die aus starrem Material hergestellt wird, kann je nach der wiederzugebenden Luftstimmung gefärbt oder, wenn sie aus diffus reflektierendem Material besteht, entsprechend beleuchtet sein.*[70] Als L'Arronge glaubte, dem Ausmaß der Umbauten nicht mehr zustimmen zu können, kaufte Reinhardt das zunächst gepachtete Theater und die umliegenden Grundstücke (Schumannstr. 12, 13a, 14 und 16). Bereits zwei Monate nach der Eröffnung des Theaters wurde er als Inhaber der Firma «Deutsches Theater Direktion Max Reinhardt» in das Handelsregister eingetragen. Anzahlung und Sicherheiten für den Kaufpreis von 2 475 000 Mark hatte dieselbe stille Gesellschaft aufgebracht, die schon die Finanzierung der Übernahme des Neuen Theaters ermöglicht hatte. Deren Hauptsozietär, der Offenbacher August Huck (der später die Reinhardt-Schauspielerin Camilla Eibenschütz heiratete), war einer der mächtigsten Zeitungsverleger im Reich – eine Tatsache, die der Publizität des Unternehmens nicht schaden konnte. Die baulichen Veränderungen wurden nun unbehindert fortgesetzt. Schon wenige Monate nach dem Kauf war die überladene Fassade aus der Gründerzeit einer vereinfachten, klar gegliederten Front gewichen.

Deutsches Theater und Kammerspiele

ENSEMBLE

Die einzige sichtbare Kontinuität von L'Arronge über Brahm zu Reinhardt lag im Begriff und der Bedeutung des Ensemblespiels. Seit der Gründung des Deutschen Theaters war seine Hauptstärke das Ensemble gewesen – Ensemble im Sinn des harmonischen Zusammenspiels einer kohärenten, aufeinander eingestellten Truppe. Die besten verfügbaren Darsteller agierten hier nicht als einsam privilegierte Stars, sondern als gleichberechtigte Partner. Dadurch, daß Reinhardt zu den direktorialen Qualitäten seiner Vorgänger diejenigen des Regisseurs und des Pädagogen gesellte, daß er, für jede Anregung und Hilfe offen, zu einem Magneten für Talente aus allen Bereichen wurde, erreichte bei ihm dieser Begriff seine höchste Vollendung. Arthur Kahane, Reinhardts erster Dramaturg, berichtet aus einem Gespräch vom Sommer 1902 Reinhardts Äußerung: *Ich denke mir ein kleines Ensemble der besten Schauspieler. Intime Stücke, deren Qualität sich von selbst versteht, von guten Schauspielern gut gespielt; bis in die kleinste Rolle nicht mit einem guten, sondern mit dem dafür besten Schauspieler besetzt und so sorgfältig einstudiert, daß die stärksten und auseinanderstrebendsten Individualitäten wie in einem Akkord zusammenklingen. Das ist es, was ich mir zum Ziel gesetzt habe.*[71] Er hatte Spürsinn und Glück: etwa, als er Ende 1901 Gertrud Eysoldt entdeckte und für «Schall und Rauch» gewann. Einige Jahre später, als er den bis dahin unbekannten

Alexander Moissi als Don Manuel in «Die Braut von Messina»

Alexander Moissi, der von Publikum und Kritik wegen seines fremden Akzents und seiner weichen, fast weiblichen Erscheinung aufs heftigste abgelehnt wurde, durchsetzte. Als er, 1911, den Operetten- und Vorstadtkomiker Max Pallenberg engagierte; als er im Weltkrieg die Geschwister Thimig gewann; als er 1934/35 in Hollywood Olivia de Havillands und Mickey Rooneys Filmkarriere eröffnete. Die komplette Liste der von Max Reinhardt entdeckten oder geförderten Schauspieler umfaßt beinahe alle bedeutenden Namen der ersten Jahrhunderthälfte. Viele haben lange nach Reinhardts Tod die deutsche Theaterlandschaft geprägt (Kortner, Gründgens, Hilpert); die indirekten Wirkungen sind unabsehbar. Arthur Kahane gibt 1930 den folgenden Auszug aus der Liste: «Den Grundstock bildete das ‹Schall und Rauch›-Ensemble: Gertrud Eysoldt, Victor Arnold, Hans Waßmann, Richard Leopold. Dazu stießen Emanuel Reicher und Rosa Bertens. Das Kleine Theater brachte: Camilla Eibenschütz, Licho, Richard Vallentin und seine Frau Elise Zachow-Vallentin, Guido Herzfeld. Schließlich (mit der ‹Salome›-Aufführung) Reinhardt selber und Kayßler, mit ‹Nachtasyl› Eduard von Winterstein. Mit dem Neuen Theater kamen, wunderbare Errungenschaft: die junge Lucie Höflich, Giampietro, Eckert. Und gleichzeitig die Heims, die Wangel, die Durieux, die Pagays, Biensfeldt, Richard Großmann,

Oskar Sabo, Friedrich Kühne. Helene Fehdmer. Georg Engels. Ludwig Hartau. Moissi. Steinrück. Ludwig Wüllner. Die Sorma. Das erste Engagement des Deutschen Theaters war Rudolf Schildkraut. Dann folgten: Jakob Tiedtke. Paul Wegener. Leopoldine Konstantin und Ida Roland. Diegelmann, Beregi. Joseph Klein. Harry Walden. Adele Sandrock. Und Bassermann. In den folgenden Jahren: Johanna Terwin, Maria Fein, Hermine Körner, Mary Dietrich, Lia Rosen. Margarete und Else Kupfer. Ernst Deutsch. Nachwuchs, den man der Schule dankte: Else Eckersberg, Carola Toelle und (freilich viel später) Grete Mosheim; Carl Ebert, Lothar Müthel, Bernhard von Jacobi, Ernst Karchow, Paul Graetz und (später) Otto Wallburg. In den Kriegsjahren: Hermann und Helene Thimig, die Straub, die Pünkösdy und Gina Mayer. Ferdinand Gregori. Nicht zu vergessen: Max Pallenberg. Und schließlich, last not least: Paul Hartmann, Emil Jannings, Max Gülstorff und Werner Krauß.»[72] «Reinhardtschauspieler» zu sein wurde bald die denkbar beste Empfehlung. Fast jeder strebte danach, obwohl bekannt war, daß Reinhardt oft unverhältnismäßig niedrige Gagen zahlte – er konnte es sich erlauben. Noch 1920, als er, von vielstimmiger Kritik und wirt-

Max Pallenberg in «Turandot»

Die «Komödie» am Kurfürstendamm in Berlin

schaftlichem Mißerfolg empfindlich getroffen, seinen Rückzug aus Berlin vorbereitete, traten bei ihm gleichzeitig naturalistische (Else Lehmann), von ihm selbst «gemachte» (Moissi) und typisch expressionistische Schauspieler (Werner Krauß) auf. Ernst zu nehmen war die zur selben Zeit massiv einsetzende Konkurrenz durch die Filmindustrie. Nicht zuletzt mit seiner Betroffenheit darüber begründete Reinhardt im Oktober 1920 seinen Entschluß, die Direktion seiner Berliner Theater niederzulegen. In einer später oft zitierten und berühmt gewordenen Rede *Über den Schauspieler*, die Reinhardt im Februar 1928 anläßlich eines New York-Gastspiels des Deutschen Theaters an der Columbia University hielt, verkündete er: *Das Heil kann nur vom Schauspieler kommen, denn ihm und keinem anderen gehört das Theater.*[73] Jeder einzelne Schauspieler konnte sich erkannt, wichtig genommen und gefördert fühlen. 1920 schrieb Hermann Thimig an seinen Vater Hugo Thimig: «Gestern erlebte ich zum ersten Mal in unserem Theaterbetrieb eine höchst unangenehme Geschichte. Mein Telephon klingelte, und ich glaubte nicht recht zu hören, als sich Reinhardt meldete: *Herr Thimig, unser Theater ist in arger Verlegenheit; Herr Deutsch ist plötzlich erkrankt und kann seine Rolle in ‹Und das Licht scheint in der Fin-*

sternis› nicht weiterspielen. Ich muß Sie daher bitten, diese Rolle zu übernehmen. Ich war sprachlos. Herr Deutsch und ich werden immer in der Presse als Antipoden apostrophiert und nun sollte ich, der als ‹urgesund› und ‹erdhaft› Abgestempelte, die Rolle des modernen, dekadenten Intellektuellen übernehmen. ‹Um Gottes Willen, Herr Professor›, stammelte ich, ‹das kann ich doch nicht, diese Rolle widerspricht doch völlig meinem Naturell.› *Das bilden Sie sich nur ein*, hörte ich Reinhardt weitersprechen. *Man kann diese Figur auch ganz aus Ihrer Natur heraus spielen. Ich bitte Sie daher, die Rolle, die Ihnen gleich zugestellt werden wird, zu lernen und ich verspreche Ihnen auf vier Proben zu kommen und Ihre Szenen für Sie neu zu konzipieren.* Und so geschah es. Reinhardt kam auf die Probe, zog einen Schnippel Zettel aus der Tasche und zeigte mir, wie ich, ganz im Gegensatz zu Deutsch, mit meinen Mitteln die Rolle spielen müßte. Er kannte und benützte meine schauspielerischen Möglichkeiten so genau, daß ich schließlich zur Ansicht kam, nur ich könnte die Rolle richtig spielen.»[74]

Nicht selten gelang es Reinhardt, einen Darsteller durch eine neue Aufgabe zu ungewohnten Bereichen hinzulenken: Alexander Moissi (in «George Dandin») und andere zum Singen, den in Mimik und Bewegung originellen Schauspieler Ernst Matray zu Tanz, Pantomime und Choreographie, die Tänzerinnen Katta Sterna und Maria Solveg zum Sprechtheater, die Tänzerin Tilly Losch zur Choreographie. Solche Wandlungsfähigkeit und Vielseitigkeit gehörte zu den Grundkomponenten seines Begriffs vom Ensemble. Auch eiserner Fleiß und entsagungsvolle Bereitschaft zur Zusammenarbeit im Interesse des Ganzen gehörte dazu. Diese Züge waren bereits im kollektiven Charakter von Reinhardts erster Theatergründung vorhanden; Reinhardt hat sie später durch sein gelegentliches Auftreten in Episodenrollen symbolhaft

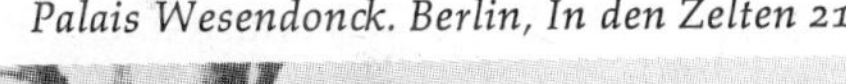

Palais Wesendonck. Berlin, In den Zelten 21

akzentuiert. Auch die programmatische Bezeichnung seiner Wiener Bühne *Die Schauspieler im Theater in der Josefstadt unter der Führung von Max Reinhardt* stellte das Ensemble bewußt in den Vordergrund.

Max Reinhardt hatte bereits als Schauspieler (1900–02) am Sternschen Konservatorium unterrichtet. Mit der Übernahme des Deutschen Theaters gründete er nun ein Institut, dessen ausschließliches Ziel die umfassende Ausbildung eines Nachwuchses war. Am 2. Oktober 1905 wurde die Schauspielschule des Deutschen Theaters im Palais Wesendonck (In den Zelten 21), Reinhardts damaligem Wohnsitz, eröffnet. Schauspieler, Dramaturgen, Sprechpädagogen, aber auch Sportlehrer und Literaturwissenschaftler unterrichteten. Efraim Frisch, Paul Legband, Richard Ordynski sind die ersten Leiter; 1911 zog die Schule in das Gebäude der Kammerspiele um und wurde dann über zwei Jahrzehnte hin von Berthold Held geführt. Reinhardt selbst lehrte Ensemblespiel und Regie, inszenierte auch Vorstellungen der Schüler. In den zwanziger Jahren wirkte er als Dozent der Wiener Hochschule für Musik und Darstellende Kunst und ab 1928/29 als Leiter des «Max Reinhardt-Seminars» in Schönbrunn (das noch heute existiert). Aus der Berliner Schule gingen zahlreiche bedeutende Schauspieler hervor, die dann zumeist in das Ensemble des Deutschen Theaters integriert wurden. Außer den von Kahane genannten sind es unter anderen Rudolf Amendt, Friedrich Domin, Fritz Feld, Alexander Granach, O. E. Hasse, Wilhelm Murnau, Ludwig Roth, Camilla Spira, Gustav von Wangenheim, Mathias Wieman und Adolf Wohlbrück.

«Ein großer Menschenfresser und – die Gefressenen leben davon» – Hermann Bahrs Formel stammt aus einem Porträt Reinhardts, das 1909 für ein Buch über das Deutsche Theater bestellt worden war. Als der Herausgeber der Festschrift, Paul Legband, Einwände äußerte, zog Bahr seinen Beitrag zurück und ließ ihn in Siegfried Jacobsohns «Schaubühne» erscheinen. Der beanstandete Passus lautete: «Paradox könnte man von Reinhardt sagen, der eigentliche Reiz seiner Persönlichkeit bestehe darin, keine zu haben, sondern sich aus allen Persönlichkeiten seiner Generation erst eine eigene zu machen ... Reinhardt hat selbst keinen persönlichen Ton in die deutsche Kunst gebracht, aber durch eine seltsame Kraft, jeden persönlichen Ton, der in seiner Generation irgendwo zu vernehmen war, anzuziehen und aufzunehmen, ist er ihr Sammler geworden, und indem alle diese persönlichen Töne, sonst so weit verstreut und einander fremd, sich nun in ihm zusammenfanden, ist aus ihnen doch etwas ganz Neues, etwas Eigenes, etwas Persönlich-Reinhardtisches geworden.»[75] Tatsächlich erscheint (und erschien den Zeitgenossen) vieles an Reinhardts Wesen paradox; der Versuch einer Festlegung auf einen bestimmten Stil ist aussichtslos. (Die Theaterwissenschaft hat, offensichtlich in Anlehnung an Bahrs Sicht, versucht, sich mit der Wortbildung «impressionibel» zu behelfen.) Bahrs Charakteristik klingt verlockend plausibel, aber sie ignoriert das Aktive von Reinhardts Person, den schöpferischen Impuls, der das «Material» mit eigener Kraft formte. Der gleichzeitig gewahrte Respekt vor der Eigenart des andern ermöglichte die fruchtbare Zusammenarbeit mit den bedeutendsten Künstlern seiner Zeit, mit Komponisten wie Richard Strauss,

Am Lido, nach 1920: Die Söhne Wolfgang und Gottfried Reinhardt, Karl Vollmoeller, Ernest de Weerth, Heinz Herald, Max Reinhardt, Ernst Matray

Pfitzner, Busoni, Weingartner, d'Albert, Humperdinck, Weill; mit Malern wie Menzel (der in hohem Alter noch Reinhardt beriet), Corinth, Slevogt, Munch, Walser, Orlik, Pechstein, Krehan und Grosz. Das ungewohnte Vorbild des positiven Zusammenwirkens von Dichtung, Malerei und Musik ermutigte talentierte Künstler, ihre Fähigkeiten in der Arbeit am Theater zu erproben: unter den Musikern Friedrich Bermann, Leo Blech, Oscar Fried, Otto Klemperer, Erich Wolfgang Korngold, Eduard Künneke, Klaus Pringsheim, Mischa Spoliansky, Pantscho Wladigeroff und, am häufigsten, Einar Nilson, Komponist von Reinhardts Gnaden und selbst eines der kostbaren Instrumente in Reinhardts Händen. Unter den Malern Gustav Knina, Max Kruse, Alfred Roller, Carl Czeschka, Oskar Strnad, Ernst Schütte, Ernest de Weerth und, in ähnlicher Position wie im Musikalischen Nilson, Ernst Stern. Dem Publikum wenig bekannt, aber drei Jahrzehnte hin um die Entwicklung von Beleuchtungs- und Drehbühnentechnik verdient, die Brüder Rudolf, Franz und Karl Dworsky. Impresario, Vermittler im Hintergrund, wenn es (in den zwanziger Jahren) um internationale, vor allem amerikanische Beziehungen ging: Rudolf K. Kommer, ursprünglich Literat aus dem ostpolnischen Czernowitz. Nicht wenige von Reinhardts wichtigsten Helfern blieben so gut wie anonym: Gusti Adler (eine Nichte Victor Adlers), seine Sekretärin und später seine erste wohlinformierte Biographin, als sie

Margarete Hauptmann, Felix Hollaender, Gerhart Hauptmann

1918 bei ihm eintrat bereits Berliner Kulturkorrespondentin eines Wiener Blattes, hat zwanzig Jahre hindurch für Reinhardt nicht nur organisiert, mit Schauspielern, Autoren und Autoritäten verhandelt, sondern auch Familienangelegenheiten bereinigt, Antiquitäten und Bücher aufgetrieben, Regiekonzeptionen den Darstellern übermittelt und Theaterstükke aus diversen Sprachen übersetzt. Die Sekretärin Gustl Mayer, die zugleich (wie später unter Gründgens) als Dramaturgin fungierte. Die Dramaturgen selbst: Arthur Kahane, mit Reinhardt noch aus Wiener Zeiten bekannt, von 1902 bis zu seinem Tod 1932 einer der wichtigsten Berater, ein feinsinniger Dichter und Literat; ab 1903 Felix Hollaender, norddeutscher Herkunft, dynamisch, Romanautor, auch als Regisseur tätig, von

Arthur Kahane

1920 bis 1923 Direktor der Reinhardt-Bühnen, danach Theaterkritiker. Neben diesen beiden waren, häufig wechselnd, Dritte, zum Teil auch als Regisseure und Hilfsregisseure, beschäftigt: Efraim Frisch, Erich Reiß (der Verleger – auch verschiedener Publikationen des Deutschen Theaters), Karl von Gersdorff, Richard Graf Schwerin, Gustav Steinbömer (= G. Hillard), Richard Gerner, Heinz Herald, Kurt Pinthus, Stefan Hock, Karl Strecker, Richard Metzl, Felix Weissberger, Hans Rothe, Franz Horch, kurze Zeit auch Bertolt Brecht und Carl Zuckmayer. Weitere Regisseure: Carl Heine, Rudolf Bernauer, Eduard von Winterstein, Ferdinand Gregori, Erich Pabst; in den zwanziger Jahren, zum Teil als Antipoden im eigenen Haus, Karlheinz Martin, Ludwig Berger, Erich Engel, Martin Kerb, Bernhard Reich, Berthold Viertel, Heinz Hilpert, Robert Forster-Larrinaga. Autoren betätigten sich häufig inoffiziell als Dramaturgen: Karl Vollmoeller, nach Brahms Tod (1912) gelegentlich der mit Felix Hollaender eng befreundete Gerhart Hauptmann; über Jahrzehnte hinweg Hugo von Hofmannsthal und Richard Beer-Hofmann; als Berater auch Maximilian Harden und der Germanist Erich Schmidt. «Die Aufgabe des Dramaturgen», berichtet Kahane, «ging bei Reinhardt... weit über das Übliche hinaus: außer der literarischen Beratung, dem Aufbau des Spielplans, der Lektüre des Einlaufs oblag den Dramaturgen der mündliche und schriftliche Verkehr mit Autoren, Malern, Komponisten und Schauspielern, die Rollenbesetzung und

Bruder Edmund

-verteilung, die Abfassung der Notizen, der Verkehr mit der Presse, der Verkehr mit den Behörden, der Kampf mit der Zensur und das ganze angenehme Ressort, das man als ‹äußere Politik des Theaters› zu bezeichnen pflegte.»[76] Die wichtigste Figur im Hintergrund war jedoch Edmund Reinhardt. Max hatte den etwas kränklichen jüngeren Bruder 1901 nach Berlin geholt und als Bürochef von «Schall und Rauch» eingesetzt. Daß er dort unter dem Namen Reinhardt auftrat[77], zu einem Zeitpunkt, zu dem Max Reinhardts führende Stellung nach außen hin noch verhüllt bleiben mußte, konnte der Entwicklung des Reinhardt-Unternehmens nur förderlich sein. Edmund wurde bald unentbehrlich. «Man sagt ‹Reinhardt›, aber man müßte ‹die Reinhardts› sagen, denn sein Bruder Edmund stand, ihm ergeben bis zur Selbstauslöschung, bescheiden hinter seinen rein wirtschaftlichen Funktionen verschanzt, in seiner mit eherner Konsequenz durchgeführten Anonymität ebenbürtig, ebenberechtigt neben ihm …»[78] Von allen, die ihn kannten, als schüchtern und äußerst zurückhaltend geschildert, galt er als d i e Autorität

Palais Knobelsdorff. Berlin, Am Kupfergraben 7

in allen geschäftlichen und administrativen Fragen des Theaters. Sein Tod am 18. Juli 1929, dem Tag, an dem ein anderer naher Freund und Berater, Hugo von Hofmannsthal, begraben wurde, bedeutete für Reinhardt persönlich und beruflich den schwersten Schlag seines Lebens. Auch den anderen Geschwistern bewahrte Reinhardt seine Anhänglichkeit. Bis in die Exilzeit ernährte er sie und ihre Familien. In Berlin gehörten sie mit zum «Ensemble»: außer Edmund und den Eltern wohnten noch die Schwestern Adele und Jenny, letztere mit Familie, im Knobelsdorffschen Palais am Kupfergraben, das Max Reinhardt 1911 bezog. Die Brüder waren am Deutschen Theater tätig: Siegfried als Leiter des Einkaufs-Büros, Leo im Abonnementsbüro. Hermann Rosenberg, Jennys Ehemann, Maler und Fotograf, leitete die Bücherstände in den Theatern. Von ihm stammen die ersten aus dem dunklen Zuschauerraum aufgenommenen Szenenfotos.

Es ist nicht verwunderlich, daß Reinhardts Privatleben, besonders seine Beziehungen zu Schauspielerinnen, das Objekt von Gerüchten wurden. Er selbst war in diesem Bereich auf peinlichste Diskretion bedacht.

Die beiden Frauen, die sein Leben am längsten begleiteten, Else Heims und Helene Thimig, waren zugleich Spitzen seines Ensembles: *Die Ehe kann niemals ein Nebenberuf sein.* Reinhardt hatte gezögert, zu heiraten. *Für mich, wenn ich überhaupt dazu veranlagt war, war es noch viel zu früh, zu heiraten ... Aber bei mir hat sich das nicht in meinem Beruf gerächt, der während meines Aufstiegs unabweislich meine beste Kraft in Anspruch nahm ... während die mir aus vielen anderen Gründen, nicht aus innerer Notwendigkeit, aufgezwungene Ehe naturgemäß ... verwüstet wurde.*[79] Die Berlinerin Else Heims war, achtzehnjährig, zur Spielzeit 1896/97 in das Brahmsche Ensemble eingetreten. Bald darauf schon begann die Liaison; Else Heims beteiligte sich an den Sommergastspielen und an den ersten «Schall und Rauch»-Abenden. Bald verließ auch sie Brahm. 1908 brachte sie Reinhardts ersten Sohn Wolfgang zur Welt, 1913, nach der 1910 in Maidenhead (England) vollzogenen Heirat, den zweiten Sohn Gottfried. Aus einer anderen Bindung hatte Reinhardt eine Tochter, Jenny. Die beiden Söhne gehörten in den Jahren des Exils zeitweilig mit zum «Ensemble». In der Filmproduktion tätig (Wolfgang bei Warner Brothers, Gottfried bei MGM), konnten sie ihren Vater in Hollywood beraten; Gottfried fungierte in Reinhardts letztem Lebensjahr als Impresario. Das Berliner Familienleben scheint zu keinem Zeitpunkt harmonisch gewesen zu sein. Reinhardt ging bald eigene Wege. Als die Beziehung zu Helene Thimig, die 1917 ins Deutsche Theater eintrat, sich festigte, wurde der Bruch offen vollzogen. Allerdings unter Qualen – fast zwanzig Jahre kämpfte Reinhardt um die Scheidung. «Meine Mutter war nicht der Mensch, den einzigen Mann, den sie je geliebt hatte und nie zu lieben aufhören sollte, kampflos aufzugeben. Sie war nicht nur eine willensstarke, leidenschaftliche, sinnliche Frau, sie war auch Schauspielerin. Und er war Max Reinhardt»[80], kommentiert Gottfried Reinhardt. Nach einer Serie von Prozessen wurde die Ehe 1931 in Riga geschieden – Reinhardt hatte wegen der lettischen Scheidungsgesetze, die eine einseitig gewollte Trennung legalisierten, dort einen Wohnsitz genommen; das Urteil wurde von Else Heims angefochten. 1935 schließlich wurde eine Scheidung im gegenseitigen Einvernehmen in Reno (Nevada) erreicht; am selben Tag die Verbindung mit Helene Thimig besiegelt. Sie war seit dem Ende des Weltkriegs seine engste Mitarbeiterin, hatte sich als Schauspielerin unter seiner Regie in die gegensätzlichsten Rollen eingelebt und war in Hollywood dann auch als Pädagogin und Regisseurin unentbehrlich. In ihren Memoiren fragt sich Helene Thimig selbst, was Reinhardt am meisten in ihr gesucht und geschätzt habe. «War es, wie Stefan Großmann schrieb, die Mischung von ‹Härte und Kindlichkeit›, von ‹Engelsstrenge und Eigensinn›? Oder war es einfach unsere Übereinstimmung in dem leidenschaftlichen Wunsch, in der korrumpierenden, eitlen Welt des Theaters e h r l i c h zu sein ...?»[81]

Das merkwürdig komplexe Verhältnis des Künstlers Reinhardt zu den beiden Polen Wien und Berlin findet seine Parallele in der Beziehung zu diesen beiden Frauen: die «sinnliche» Else Heims repräsentiert das «nüchterne» Berlin; die «herb-liebliche» Helene Thimig, Tochter des Burgtheateridols Hugo Thimig, das «barocke» Wien.

Mit Else Heims und Sohn Wolfgang. München, Sommer 1909

Helene Thimig als Iphigenie. Wien, 1928
Inszenierung: Richard Beer-Hofmann

Else Heims als Cristina in der Uraufführung von Hugo von Hofmannsthals Komödie «Cristinas Heimreise». Berlin, 1910. Inszenierung: Max Reinhardt

REPERTOIRE

Der Intensität der Arbeit mit dem Ensemble entsprach die «Totalität»[82] des Repertoires. «Zu zeigen, warum Berlin trotz der ungeheuren Arbeit, die man an sein Theaterwesen gewandt hat, bis jetzt zu keinem Volltheater gelangen konnte», in dieser Absicht hatte der dreiundzwanzigjährige Siegfried Jacobsohn 1904 sein erstes Buch veröffentlicht. «Eine Synthese des Repertoires von L'Arronge und von Brahm ... ergäbe ... nach Hinzufügung aller fehlenden Dramen von Anzengruber, Ibsen und Hebbel (von Shakespeare und Kleist gar nicht zu reden)

– ergäbe ungefähr ein Schauspielhaus, das sich ohne Überhebung Deutsches Theater nennen dürfte.»[83] Was Reinhardt ein Jahr später begann, erscheint hinterher wie die Erfüllung und Überbietung dieses Programms: mit Kleist eröffnete er das Haus, Shakespeare wurde zum meistgespielten Autor. Zu den von L'Arronge aufgeführten Klassikern traten die von ihm und den übrigen Bühnen vergessenen, zu den von Brahm gespielten Zeitstücken neue: nach dem Tod seines Vorgängers übernahm Reinhardt die Produktion Hauptmanns; 1913 inszenierte er die Uraufführung von Tolstojs «Der lebende Leichnam». Dazu kamen Autoren der jeweiligen Stunde, von Strindberg und Wedekind bis zu Shaw, Sternheim, Pirandello und Sorge. Nicht von ihm inszeniert wurden die jüngsten Autoren der zwanziger Jahre, doch stellte er ihnen seine Bühnen zur Verfügung. Kokoschka, Brecht und Kaiser inszenierten dort eigene Stücke. Die Spielpläne der Berliner Reinhardt-Bühnen für 1905 bis 1930, die zum 25. Jubiläum der Direktion Reinhardt von den Dramaturgen in einer zweibändigen Festschrift herausgegeben wurden, verzeichnen 23 374 Theatervorstellungen von 452 Stücken. Selbst wenn man von der Arbeit anderer Regisseure absieht bleibt ein überaus breites Spektrum: in 25 Jahren rund 170 Inszenierungen Reinhardts. Diese Zahl verdoppelt sich, und neue Bereiche kommen dazu, zählt man die Inszenierungen am Kleinen und Neuen Theater hinzu, die Berliner Inszenierungen nach 1930, die im Redoutensaal der Hofburg und im Theater in der Josefstadt in Wien, die Festspiele in Salzburg, München und Kalifornien, die Gastinszenierungen innerhalb und außerhalb Deutschlands und die Arbeit im amerikanischen Exil. Allein in Berlin bespielte Reinhardt mehr als zehn Theater. Die dortigen Reinhardt-Bühnen sind nach «Schall und Rauch», dem «Kleinen» und «Neuen Theater», zusätzlich ab 1906 die «Kammerspiele des Deutschen Theaters»; zeitweilig kommen dazu der Zirkus Busch (1914) und (1910–12/13) der später zum «Großen Schauspielhaus» umgebaute Zirkus Schumann, die «Volksbühne» (1915–18), das «Kleine Schauspielhaus» in Charlottenburg (1918/19), 1924 die für ihn von Oskar Kaufmann erbaute «Komödie» am Kurfürstendamm, 1928 das «Berliner Theater», eine Spielzeit (1930/31) lang das «Theater am Kurfürstendamm». Im Zentrum dieser Aktivität, die durch Tourneen und Festspiele laufend neue Impulse erfuhr, stand der Versuch, das Theater als eigene Realität zu etablieren. Regie, wie sie Reinhardt verstand, zielte darauf hin, das Publikum zur spontanen Teilnahme zu bewegen, das Theater von einem Gegenstand des Bildungsinteresses zu einem Gegenstand der Emotion zu machen; daher das unentwegte Vorstoßen in neue Bereiche. Tatsächlich drang das Theater als Faktor des gesellschaftlichen Lebens in breitere Schichten; das durch ihn erweiterte Repertoire blieb nicht an seine eigenen Bühnen gebunden. Nach der Enteignung der Berliner Theater zog er gegenüber den Nationalsozialisten Bilanz:

Indem es (das Deutsche Theater) *das Lebenswerk der zeitgenössischen Dichter Gerhart Hauptmann, Frank Wedekind zuerst und vollkommen auf die Bühne brachte, Carl Hauptmann, Schmidtbonn, Eulenberg, Stucken, Zuckmayer etc. aufführte, die deutschen Klassiker in großen Zyklen erneuerte, nie vorher gespielte Werke der deutschen*

Um 1930

Stürmer und Dränger, Büchner, Grabbe, Lenz, Wagner, Klinger dauernd dem Spielplan einverleibte und ohne jegliche Subvention oder staatliche Förderung sich nur mit seiner Arbeit erhalten hat, indem es ferner den deutschen Tondichtern Richard Strauss, Hans Pfitzner, Engelbert Humperdinck, den deutschen Malern Lovis Corinth, Slevogt, Ludwig Hofmann u. a. bedeutsame Anregungen und Aufträge gab, hat es zum Mindesten für seine Zeit den Begriff Deutsches Theater über allen Tagesstreit hinaus erfüllt.

Daß es daneben auch die repräsentativen Dramatiker des Auslands, die nordischen Dichter Ibsen, Strindberg und Hamsun, den Engländer Shaw, den Italiener Pirandello, den Flamen Maeterlinck, den Russen Tolstoi, den Österreicher Hofmannsthal früher und häufiger spielte, als sie in ihrem eigenen Vaterland gespielt wurden, daß es die Werke Molières und Calderóns, ganz besonders aber das Gesamtwerk Shakespeares als lebendigstes Gut erhielt, während die Aufführungen dieser Dichter in ihrer Heimat fast nur mehr eine museale Bedeutung haben – damit hat es nur die aller Ehre würdige Gepflogenheit der deutschen Bühne fortgeführt ... Aber nach meiner Überzeugung kann das Deutsche Theater ebenso stolz sein auf das, was es n i c h t gespielt hat, wie darauf, daß es niemals eine Konjunktur fruktifiziert hat und nur Werke aufnahm, die aus der Zeit wuchsen und nicht für die Zeit hergestellt waren.[84]

Max Reinhardts Repertoire hielt sich, außer während einer kurzen Periode im Ersten Weltkrieg, von Tendenzen, die jenseits des Theaters lagen, frei. Mit den – bis zu seiner Zeit besonders stiefmütterlich behandelten – Komödien beginnend, inszenierte Reinhardt im Laufe der Jahre 22 Shakespeare-Dramen, viele mehrmals. Jede Neuinszenierung, jeder neue Raum, zuletzt sogar der Film, gewann einem Stück neue Aspekte ab; oft gelang es ihm, innerhalb einer Inszenierung durch Umbesetzung einer Rolle, der dann das Regiekonzept angepaßt wurde, völlig unterschiedliche Wirkungen zu erzielen – ein wichtiger Teil seines «Spiels». (Ein berühmtes Beispiel ist die Rolle des Shylock mit Albert Bassermann bzw. Rudolf Schildkraut.) Reinhardt hat oft die Ensemble-bildende Funktion des Repertoires, und besonders des klassischen, betont. *Für mich beginnt Schauspielkunst erst da, wo sie sich in den großen klassischen Aufgaben bewährt ... Schauspieler ist einer erst, wenn er bewiesen hat, daß er Shakespeare spielen kann.*[85]

Reinhardt spielte die Mehrzahl der Dramen Schillers und Goethes, inszenierte Lessing, Hebbel und Kleist. Unmittelbar nach Kriegsausbruch traten die deutschen Klassiker in den Vordergrund, im dritten Kriegsjahr folgte ein «Deutscher Zyklus»; Reinhardt unternahm als «Propagandafahrten» deklarierte Tourneen ins neutrale Ausland: nach Dänemark, Norwegen, Schweden und in die Schweiz; es standen jedoch auch Ibsen, Strindberg und Shakespeare auf dem Programm. Bei Kriegsausbruch hatte Reinhardt – wie auch, allen voran, Gerhart Hauptmann – das «Manifest der 93», eine nationalistische Proklamation von Intellektuellen, mitunterzeichnet. Es ist wohl der einzige politische Aufruf, unter den er je seinen Namen gesetzt hat. Seine nationale Begeisterung ging offensichtlich nicht tief. In Christiania erklärte er 1915: *Die Kunst ist ein wahrhaft neutrales Land und ihre Güter sollten jederzeit ohne Rück-*

sicht auf Nationalität ein- und ausgeführt werden.[86] Die «national» gesetzten Akzente des Repertoires hinderten ihn nicht, im April 1916 einen Shakespeare-Gedenkzyklus zu veranstalten und mitten im Krieg in kurzer Zeit mehr Molière-Inszenierungen zu bringen als je vorher oder nachher – was die erstaunlichsten Kommentare hervorrief: «Just in den Tagen, in denen Deutschlands waffentragende Mannheit Heere schwerer schlägt denn je, spielen wir Molière ... Und ... weil wir ... den Gegner ... auch schätzen, wo er schätzenswert ist, darum kennen wir ihn auch, während er uns niemals kennen wird ... und darum werden wir ihn auch schlagen und besiegen. Weil wir Molière spielen. In solchen Tagen.»[87] Einiges spricht dafür, daß Reinhardts Intentionen weniger martialisch waren, als der Rezensent annimmt. Selbst die innerhalb des «Deutschen Zyklus» inszenierten Werke, Dramen des «Sturm und Drang» und des «Jungen Deutschland», wiesen in eine andere Richtung: «Kabale und Liebe», «Dantons Tod», Klingers «Leidendes Weib» in Carl Sternheims Bearbeitung, und gar das Antikriegsstück von Lenz, «Die Soldaten». (Die nationale Presse rügte denn auch Reinhardts allzu pazifistisches Programm.)

Der Heldentod hat sich überlebt, schrieb Reinhardt im August 1917 an Felix Hollaender. *Übrigens beneide ich Sie aufrichtig um Ihren wundervollen Optimismus in Bezug auf Deutschland. Ich fürchte nur, er wird sich als ebenso grundlos erweisen wie vor drei Jahren. Michel hat ein wenig lauter und unruhiger geschnarcht als sonst und die Deutschen in der Schweiz (und auch sonstwo) hielten das schon für einen Revolutionssturm.*[88] Im Herbst 1917 gründete Reinhardt auf die Initiative von Maximilian Harden, der bereits 1889 zur Gründung der ersten «Freien Bühne» aufgerufen hatte und von dem auch der Name des neuen Unternehmens stammte, den Theaterverein «Das junge Deutschland». Um Einmischungen der Behörden zu entgehen, wurden die Stücke der jungen Autoren in geschlossenen Veranstaltungen gezeigt. Die erste Vorstellung war Reinhardts Inszenierung von «Der Bettler» (23. Dezember 1917), einem der charakteristischen Stücke des frühen Expressionismus, von dem im Krieg gefallenen Reinhard Sorge. Thematik und Ausdrucksmittel, auch die szenischen, waren ungewohnt. Siegfried Jacobsohn bemerkte: «In Reinhard Sorges ‹Bettler› stammt von Max Reinhardt die Behandlung des Lichts. Scheinwerfer erhellen einen Ausschnitt der Bühne, dann einen andern, dann einen dritten, während jeweils der Rest im Dunkel bleibt. Das ist bezeichnend für den blutjungen Sorge. So tastet ein seherisch begabtes Auge das Leben ab, ohne es doch mit einem Blick zu umfassen.»[89] Ernst Deutsch, erstmals in Berlin, wurde hier als der expressionistische Schauspieler par excellence entdeckt, Helene Thimig als seine Partnerin hatte eine ihrer ersten Rollen bei Reinhardt. Als nächstes inszenierte Reinhardt «Seeschlacht» von Reinhard Goering; es folgten, bis 1920, Stücke von Fritz von Unruh, Rolf Lauckner, Else Lasker-Schüler, Oskar Kokoschka, Franz Werfel, Friedrich Koffka und Arnold Zweig. Die meisten Stücke inszenierte Heinz Herald, der als Sekretär des Vereins «Das junge Deutschland» auch (gemeinsam mit Kahane) die vom Deutschen Theater herausgegebene gleichnamige «Monatsschrift für Literatur und Theater» redigierte. Diese führte in den Jahren

Titelblatt zu «Das Theater»

1918 bis 1920 die 1911 gegründeten und kurz nach dem Ausbruch des Weltkriegs eingestellten «Blätter des Deutschen Theaters» fort.

Seit ihrer Frühzeit hatten die Reinhardt-Bühnen den Versuch unternommen, mit Hilfe von Publikationen das Erlebnis eines Theaterabends zu vertiefen und damit die heute von allen größeren Bühnen herausgegebenen Programmhefte und -zeitschriften initiiert. Die zunächst nur locker Reinhardts Theatern assoziierte, von Christian Morgenstern redigierte Zeitschrift «Das Theater» brachte von 1903 bis 1905 neben Schriften der aufgeführten Dramatiker essayistische, gelegentlich auch lyrische Texte befreundeter Autoren, Fotos von Darstellern und Bühnenbildern, graphische Illustrationen und Besprechungen von Aufführrungen – vornehmlich, aber nicht ausschließlich, des Kleinen und Neuen Theaters. In den «Blättern des Deutschen Theaters», die ab 1928 als «Blätter der Reinhardt-Bühnen» erschienen, kamen Dramatiker, Bearbeiter und Dramaturgen zu Wort. Illustrationen wurden erst gegen Ende der zwanziger Jahre aufgenommen. Jedoch erschienen ab 1912, von Reinhardts Schwager Hermann Rosenberg besorgt, die «Illustrierten Klassiker des Deutschen Theaters». Diese Bücher enthalten die verwendete Textfassung, die Besetzung der Reinhardtschen Aufführung und Szenenfotos von Hermann Rosenberg und Hans Böhm (der Rosenbergs Technik später weiterentwickelte und erstmals Momentaufnahmen während der Aufführung machte). Nach dem Krieg wurde diese Reihe durch die «Bücher des Deutschen Theaters» ersetzt, nun mit kolorierten Skizzen der jeweiligen Bühnen- und Kostümbildner. Als Be-

standsaufnahme und Werbemittel waren außerdem mehrere von Mitarbeitern Reinhardts herausgegebene Bücher konzipiert (vgl. die Bibliographie). In diesen Rahmen gehört auch das kompendiöse, 1924 in New York erschienene Buch von Oliver Sayler, das Reinhardts amerikanischer Arbeit den Weg bereiten sollte.

Fragt man sich, wie sehr sich Reinhardt für das (um 1920) «junge» Theater tatsächlich eingesetzt hat und wie weit seine Beziehung zum sozialkritischen Drama reichte, so stößt man unweigerlich auf eines der Paradoxa, die es so schwermachen, seine Person umfassend zu charakterisieren. Heinrich Mann, der in seinem Nachruf Reinhardts Nähe zur gesellschaftlichen Problematik seiner Zeit betont, vermerkt, daß gerade Reinhardt «den jungen, revolutionären Schiller» entdeckt habe und «den längst vergangenen Revolutionär Büchner», den er als «die große Entdeckung Reinhardts»[90] bezeichnet, wie auch den Gesellschaftskritiker Sternheim. Herbert Jhering dagegen, der zum Propagator des gesellschaftskritischen Theaters wurde, sprach Reinhardt bereits 1920 jede Aktualität ab: «An ihn hat sich keine Tradition angesetzt, die Grundlage für Zukünftiges werden könnte.»[91] Es trifft offenbar zu – davon zeugen die überlieferten Reaktionen und die Aufführungsgeschichte, daß Reinhardt Büchner in seinem Wesen erfaßt, daß er ihm erst ein Publikum gewonnen hat. Es trifft zu, daß der Satiriker der wilhelminischen Ära, Carl Sternheim, von Reinhardt durchgesetzt wurde; ebenso die antibourgeoise Moral Wedekinds, dessen Stücke er (wie die Sternheims) gegen den heftigen Widerstand der Zensur zum Erfolg führte. («Frühlings Erwachen», nach jahrelangem Kampf gegen die Behörden in Reinhardts Inszenierung 1906 uraufgeführt, wurde das am häufigsten gespielte Stück des «Deutschen Theaters».) So überzeugend diese Leistungen auch sind – es wäre angesichts der Vielschichtigkeit des Repertoires verfehlt, Reinhardt darauf festlegen zu wollen. Der zitierte Brief aus dem Kriegsjahr 1917 enthält auch die Sätze: *Die fürchterlichste Erkenntnis für mich ist es, daß es ja gar keine Rolle spielt, ob Autokratie oder Demokratie herrscht. Die Republikaner thun doch im Effekt dasselbe. Die Tyrannei kommt ja nicht von oben, sie ist ja nur die Folge eines tief wurzelnden Bedürfnisses der Masse, das gar nicht auszurotten ist. Die einzig wahren Genies von Gottes Gnaden ... sind die Kinder. Wir sollten uns nur von ihnen regieren lassen.*[92] Mitten im Zweiten Weltkrieg, im kalifornischen Exil, formulierte er: *Ich will nicht über Politik sprechen. Ich wüßte wirklich nicht, was mir ferner läge, nichts, dem ich ferner bleiben möchte.*[93] Reinhardt hat sich immer dann – insofern ist Herbert Jhering zuzustimmen – neuen Bereichen zugewandt, wenn eine Tendenz zum Programm zu werden drohte. Dafür war sein Blick um so schärfer für neue Ausdrucksmöglichkeiten; deshalb bediente er sich ihrer auch früher oder brachte sie zu intensiverer Wirkung als andere. Auch die Hauptstilmittel von Leopold Jessner und von Erwin Piscator waren bei Reinhardt punktuell vorgezeichnet: die Verwendung der Treppe als dramaturgischen Raum in den Inszenierungen von «Lysistrata» und «König Lear» (beide 1908); Piscators Simultanbühne in Strindbergs «Gespenstersonate» (1916) und in «Der Bettler». In den zwanziger Jahren war Reinhardts Name in aller Munde, er selbst fast schon Legende. In Berlin widmete er sich unter bewußter Ausnutzung der Vergnügungskonjunktur des «goldenen Jahrzehnts», der artistischen Revue («Artisten» von Watters/Hopkins), dem modernen Gesellschaftsstück (Galsworthy), der brillanten Inszenierung klassischer Operetten («Fledermaus», «Orpheus in der Unterwelt», «Die schöne Helena») und der Erfindung eines deutschen Musical-Stils («Viktoria» von Maugham, mit Mischa Spolianskys Musik). In diese Zeit fielen aber auch, wie Signale für den Kreis um Brecht, seine Inszenierung von Klabunds episch-lyrischem «Kreidekreis», von Pirandellos die Abgrenzung zwischen empirischer und theatralischer Wirklichkeit dramatisierendem Stück «Sechs Personen suchen einen Autor» und von Shaws ironisch-historisierendem Schauspiel «Die heilige Johanna».

Einer der Gründe für Reinhardts zeitweilige Abkehr von Berlin war die nach dem Krieg immer größer werdende Schwierigkeit, ein ausgewogenes Repertoire zu halten. Die allgemeine Wirtschaftskrise, die auch die Struktur des Publikums veränderte, und eine nicht zuletzt daraus resultierende Zerstreuung des Ensembles führten unweigerlich zu dem Reinhardt verhaßten Prinzip des Serienspiels. Dieses Prinzip wurde systematisch und erfolgreich von dem Konzern der Brüder Rotter betrieben, die zeitweilig bis zu fünfzehn Revue- und Operettentheater in Berlin kontrollierten. Gegen diese übermächtige Konkurrenz schlossen sich die – überdies von der Vergnügungssteuer hart belasteten – Bühnen Reinhardts, Viktor Barnowskys und Eugen Roberts 1925 zu einem «Reibaro» getauften Abonnements-Kartell zusammen.

Indem Reinhardt sich, vor allem in Österreich, neue Wirkungsstätten sicherte, erweiterte er zumindest sein persönliches Repertoire. Zwei Jahrzehnte lang hatte er bewiesen, daß auch *in Berlin,* wo *der in beispielloser Arbeit vorbereitete K a m p f zwischen Schauspielern und kritischen Zuschauern dominierte,* während *in Wien das sinnliche V e r g n ü g e n am Spiel* entschied, sein *Kampf meistens zur Eroberung* des Publikums *führte.*[94] Obwohl Reinhardt in Österreich nicht mit offenen Armen empfangen wurde, fand er dort die Möglichkeit, ein ausgewogenes klassisch-modernes Repertoire aufzubauen: Shakespeare und Shaw, Goldoni und Hofmannsthal, Schiller und Molnár. Auf dem Umweg über Wien gelangte dieses Repertoire dann auch wieder nach Berlin.

Die Kontinuität zwischen Tradition und Moderne zu zeigen war seit den Anfängen Reinhardts Ziel. *Man muß die Klassiker neu spielen; man muß sie so spielen, wie wenn es Dichter von heute, ihre Werke Leben von heute wären ... man muß sie aus dem Geiste unserer Zeit begreifen, mit den Mitteln des Theaters von heute, mit den besten Errungenschaften unserer heutigen Schauspielkunst spielen.*[95] Unter den deutschen Zeitgenossen standen jene Autoren Reinhardt am nächsten, die das Bewußtsein der klassischen Tradition mit der Suche nach neuen Formen und der Bereitschaft zur Kollaboration mit der Bühne verbanden: Richard Beer-Hofmann, Karl Vollmoeller und vor allem Hugo von Hofmannsthal. *Im Übrigen glaube ich unbedingt an den Wert der direkten Bestellung, an die Bestellung der Stücke nach Maß der vorhandenen Kräfte ... Zu allen Zeiten haben dramatische Dichter für das Bedürfnis bestimmter Theater ältere Werke neu adaptiert ... Shakespeare,*

Reinhardt und Hofmannsthal im Park von Leopoldskron

Molière, Raimund, Nestroy und viele Andere haben im engsten Umkreis ihrer Truppen gelebt und den Schauspielern die Rollen auf den Leib geschrieben.[96] In der Zusammenarbeit zwischen Hofmannsthal und Reinhardt ist eine solche Synthese von Drama und Regie immer wieder erfüllt worden. Kein zeitgenössischer Autor hat Reinhardt so stark angeregt wie Hofmannsthal, keiner andererseits so viele Anregungen von Reinhardt empfangen; von keinem zeitgenössischen Autor hat Reinhardt so viele Werke inszeniert wie von Hofmannsthal. *Ein Drittel meines Repertoires, darunter die größten internationalen Erfolge, sind auf Bestellung geschrieben worden (dazu gehören u. a. das «Salzburger Welttheater», die «Ariadne» und der «Bourgeois» von Richard Strauss, das «Mirakel», «Sumurûn» und die «Grüne Flöte»). Der «Jedermann» war eine in allen Einzelheiten besprochene Adaption des alten Morality Play (die ganze Bankett-Scene, im Original überhaupt nicht enthalten, ist auf meine Anregung entstanden).*[97] Klassische und moderne Elemente gingen in solchen Stücken und Aufführungen eine organische Verbindung ein. Reinhardt gewann mit ihnen, wie schon bei «Elektra», traditionelle Stoffe und Formen zurück und zugleich Stücke von unmittelbarer Aktualität. Hofmannsthal zum Beispiel gestaltete klassische Vorlagen im Verlauf der «Bearbeitung» so um, daß die eigene Durchdringung des Stoffs schließlich überwog. Ein symptomatisches, wenngleich in dieser Pointierung einmaliges Beispiel: Molières wenig bekannte Ballettkomödie «Les Fâcheux» wurde durch eine «Bearbeitung» Hofmannsthals für Reinhardt dem Repertoire als festliches Spiel («Die Lästigen», 1916) wiedergegeben und von Publikum und Kritik als überraschend aktueller, jedoch typischer Molière begrüßt. In Wirklichkeit hatten sich Regisseur und Autor den Spaß erlaubt, eine mit Anspielungen auf die höfische Tradition der Molièreschen comédie-ballet durchsetzte, jedoch die aktuelle gesellschaftliche Konvention ironisierende neue Komödie von Hofmannsthal zu präsentieren.

Eine derart aktive Einstellung gegenüber Tradition und dramatischem Text führte zu Aufführungen, in denen die Funktionen von Autor und Regisseur nicht mehr gegeneinander abzugrenzen waren. Das war vor allem dann der Fall, wenn das Wort vor der optischen und akustischen Realisierung zurücktrat. Reinhardt und seine Schauspieler verwirklichten die nach-naturalistischen Ansätze, die wichtige Teile der Handlung in stummes Spiel verlegten, auf der Bühne und bezogen sie auch in ihre Interpretation klassischer Dramen ein. Unter dem Beifall eines nach Farbe und Bewegung hungrigen Publikums perfektionierten sie die darstellerischen Mittel so sehr, daß schließlich der Gedanke aufkam, sie in rein pantomimischen Vorführungen zur Geltung zu bringen. Friedrich Freksa («Sumurûn», 1908), Karl Vollmoeller («Das Mirakel», 1911; «Venezianische Nacht», 1912), Hugo von Hofmannsthal («Die Schäferinnen», «Die grüne Flöte», 1916; «Prima Ballerina», 1917) und der Bühnenbildner Ernst Stern («Lillebils Hochzeitsreise», 1917) lieferten Vorlagen für Pantomimen und Ballette, die Reinhardts internationale Wirkung mitbegründeten. Es ist bezeichnend, daß diese spektakulären Aufführungen besonders im Weltkrieg auf starke Resonanz stießen – wie überhaupt das Theater, und mehr als andere dasjenige Reinhardts, eine Blütezeit erlebte: die Großstadtbevölkerung nahm die Gelegenheit gern wahr, sich aus den Ängsten des Alltags in das Spiel zu retten. Dieser Umstand und das Vorbild von Serge Diaghilews «Ballets russes», die ähnliche, verschiedene Kunstformen miteinander verbindende Bestrebungen verwirklichten, ermutigten Reinhardt 1916, aus pantomimisch begabten Schauspielern und eigens engagierten Tänzern eine eigene Truppe zusammenzustellen. Die charmante, damals sechzehnjährige norwegische Tänzerin Lillebil Christensen feierte, wie einige Jahre zuvor Grete Wiesenthal, bei Reinhardt rauschende Triumphe. Sogar der Bau eines eigenen Ballett-Theaters wurde entworfen; Oskar Kaufmanns Pläne kamen allerdings nicht zur Ausführung. 1922 wurde eine Gesellschaft «Pantomimen des Deutschen Theaters», wenig später die «Internationale Pantomimengesellschaft» gegründet, die mit von Reinhardt und Ernst Matray einstudierten Pantomimen auf Tournee ging.

Von der Pantomime her gelangte Reinhardt schon früh zum Stummfilm. 1913 drehte er in Italien, auf einem Skript des Dramaturgen Kahane basierend, «Die Insel der Seligen» und, nach Vollmoellers Pantomime, «Venezianische Nacht» in Venedig; in einem Vorort von Wien wurde «Das Mirakel» verfilmt. Mit diesen Filmen leistete Reinhardt Pionierarbeit: in der Spießersatire «Insel der Seligen» wurden bereits Großaufnahmen und Ausschnitte als dramaturgisches Mittel verwendet, eine damals noch kaum erprobte Methode. «Venezianische Nacht» arbeitete in einer Traumszene mit übereinanderkopierten Bildern und nahm damit ein Verfahren des später von dem Reinhardt-Schüler Paul Wegener zur Blüte gebrachten expressionistischen Films vorweg. (Auch Ernst Lubitsch kam aus der Schule Reinhardts.) Anfang der zwanziger Jahre wurde eine «Max Reinhardt-Filmgesellschaft» gegründet; die damals begonnenen Projekte, darunter ein Film mit dem Titel «Der verlorene Sohn», und ein ab 1927 gemeinsam mit Hofmannsthal konzipierter «Film für Lillian Gish», kamen nicht zur Ausführung – ein Schicksal, das in den dreißiger Jahren noch von einigen weiteren Projekten geteilt wurde. Der Film mit Lillian Gish reifte bis zu ersten Proben in Hollywood; das plötzliche Aufkommen des Tonfilms verhinderte jedoch im Frühjahr 1929 die Fertigstellung. Reinhardt äußerte sich damals skeptisch über den Tonfilm, weil er glaubte, daß er dem Charakter der Filmkunst, die für ihn eben im Grunde pantomimisch war, widersprach. Wenig später revidierte er diese Meinung und versuchte, das neue Medium in den Dienst des Theaters zu stellen, wie auch das Fernsehen, an dessen ersten Versuchen er sich in einer Serie «Theatre in the Air» beteiligte.[98] Der 1934/35 in Hollywood gedrehte «Sommernachtstraum»-Film blieb das einzige Beispiel, obwohl Reinhardt mehr erwartete und Hollywood dazu bereit schien: *Warners, denen das bleibende Verdienst gebührt, das bewegte Bild aus der Stummheit erlöst und zu einem sprechenden Bild gemacht zu haben, zogen nunmehr die gebotene Konsequenz. Sie haben als die ersten dem größten dramatischen Genius die Türen geöffnet ... Ich bin überzeugt, daß die Werke Shakespeares und anderer Dichter im Film wieder auferstehen können und durch dieses zeitgemäße Medium zum ersten Mal wirklich lebendig i n s V o l k dringen können. Und damit ist auch für den Dichter von heute ... der direkte Weg geebnet.*[99] Alle späteren Filmpläne Reinhardts hatten Theaterstücke oder literarische Stoffe zum Vorbild, meist Werke, die er bereits auf der Bühne inszeniert hatte. Eine moderne «Jedermann»-Version, ein Tolstoj-Film und «Hoffmanns Erzählungen» in einer Bearbeitung von Franz Werfel und Thornton Wilder waren geplant; über einen «Danton»-Film nach dem Drama von Romain Rolland und über eine Verfilmung von Dostojevskijs «Spieler» schloß Reinhardt Verträge mit Warner Brothers ab.

Gelegentliche Exkursionen wie Pantomime und Film sind auch Reinhardts Inszenierungen von Opern und Operetten. *Ich verstehe von Musik nicht viel,* hatte er am Anfang seiner Laufbahn erklärt, *bin aber trotzdem, oder vielleicht gerade darum sehr empfänglich für sie ... Jedenfalls übt gute Musik stets eine mächtige Wirkung auf mich aus ... Neue ungeahnte Stimmungen erwachen in mir. Alles erweitert sich*

Katta Sterna als Prinz Sing Ling in «Die grüne Flöte» von Hofmannsthal. Berlin, 1916

Aus einem Filmmanuskript «Der verlorene Sohn» (1922/23)

und ich freue und wundere mich darüber, wie ein Kind mit einem farbigen Kaleidoskop.[100] Dieses Verhältnis scheint sich in der Folge so weit geändert zu haben, daß es Reinhardt gelang, musikalische Stimmung und Rhythmus zu unabdingbaren Komponenten seiner Inszenierungen zu machen. Während Richard Wagner, vom Musikalischen herkommend, zu seinem «Gesamtkunstwerk» strebte, während Gustav Mahler die Integrierung der Künste ebenfalls vom Standpunkt der Musik aus vorantrieb, kam Reinhardt vom Dekorativen und vom Schauspielerischen, das sein oberstes Ziel blieb. Reinhardt ließ sich durch Wagners und Mahlers Vorbild anregen, doch interessierte ihn mehr als alles das Drama. Schon 1906 gewann er «Orpheus in der Unterwelt» durch die Verwendung von Schauspielern in Gesangsrollen neue Perspektiven ab; bei seinen späteren Offenbach-Aufführungen und mehreren Inszenierungen der «Fledermaus» (Offenbach und Strauß wurden musikalisch mit Hilfe Erich Wolfgang Korngolds revidiert) erwies sich das Prinzip, das Ensemble aus Sängern und brillanten Schauspielern (Pallenberg, Moser) zusammenzustellen, als außerordentlicher Erfolg.

Es lag nahe, daß ein Komponist wie Richard Strauss, der ein Libretto als dramatischen Text und nicht als bloße Schablone für die Musik seiner Opern verstand, auf Reinhardt stieß. Er war durch Reinhardts Aufführungen zur Komposition von «Salome» und «Elektra» angeregt worden. Für die Uraufführung von «Der Rosenkavalier» (in Dresden am 26. Januar 1911), der ein Ergebnis von Strauss' und Hofmannsthals gemeinsamer Suche nach einer neuen Form der musikalischen Komödie ist, wurde Reinhardt herangezogen. Herkömmliche Opernregie war der Aufgabe nicht gewachsen. Reinhardts Hilfe in Dresden wurde wegweisend, denn er behandelte die Sänger zugleich als Schauspieler – ein Verfahren, das sich erst von da an auf den Opernbühnen durchzusetzen begann. «Ariadne auf Naxos», eineinhalb Jahre später in Stuttgart uraufgeführt, wurde – als Dank der Autoren für Reinhardts Hilfe in Dresden gedacht und ihm gewidmet – schon in der Konzeption auf den Regisseur abgestimmt: ein in ironischer Brechung die Elemente des barocken Welttheaters miteinander verbindendes, aktuelles Werk.

Musik war für Reinhardt, auch im «Musiktheater», nur eine der zahlreichen Komponenten des Dramas, und im übrigen ein Vorbild, das er gern als Metapher zitierte: *Das Theater ist eine orchestrale Kunst. Die erlesene Qualität aller Einzelinstrumente, aber vor allem wie sie zusammen spielen, zusammen klingen, bleibt das Entscheidende für das Wesen des Theaters.*[101]

KAMMERSPIELE

Das, was mir vorschwebt, ist eine Art Kammermusik des Theaters.[102] Diese früh ausgesprochene und bereits im Kleinen Theater ansatzweise realisierte Absicht führte zum Bau der Kammerspiele des Deutschen Theaters. *Kammerspiele* – dieser von Max Reinhardt geprägte Begriff

Aus dem Film «Ein Sommernachtstraum»

meint die dramatische Form, die in besonderem Maß der «orchestralen» (eben «kammer-orchestralen») Kunst eines harmonischen Ensembles bedarf. Werke von Autoren wie Ibsen, Strindberg, Maeterlinck, Hofmannsthal, Wilde, d'Annunzio – Stücke mit wenigen Personen, oft Einakter, deren Handlung weitgehend in die Psyche der Figuren oder in symbolische Metaphorik verlegt ist – waren um die Jahrhundertwende ihre Exponenten. August Strindberg hat in Anlehnung an Reinhardt 1907 einige seiner eigenen Dramen als «Kammerspiele» bezeichnet und damit den Begriff sanktioniert. Zugleich ist der dieser Dramatik und ihrer angemessenen Darstellung eigens zugedachte architektonische Raum gemeint. In diesem Sinn haben Begriff und Idee dann in Klein-

Bei Aufnahmen zu dem Film «Ein Sommernachtstraum». Hollywood, 1935

bühnen und Werkraumtheatern Schule gemacht.

Kurz vor der Eröffnung beschrieb Friedrich Stahl im «Berliner Tageblatt» das neue Haus: «Es handelt sich doch wohl darum, einem kleinen Kreis Schauspiele zu bieten, die feiner sind, als es die Optik und Akustik eines großen Theaters verträgt, bei denen es des dort nötigen lauten Betonens und Unterstreichens nicht bedarf. Diese Absicht setzt einen kleinen Raum voraus, aber noch wichtiger ist es, daß dieser Raum sehr abgeschlossen, sehr intim wirkt ... Diese besondere Aufgabe ... hat William Müller in geradezu vollendeter Weise gelöst ... weil es gar keine Einzelheiten gibt und alles so einfach und selbstverständlich erscheint, daß nichts auffällt. Ein Saal von sehr schönen Proportionen.

Die Wände in wundervoll goldbraunem Holz getäfelt. Ohne Schmuck nicht nur, sondern auch mit einem Mindestmaß von Gliederung in geraden Linien und Rundbogen. Sogar die großen Türen sind, wenn man sie schließt, nur noch an den Rahmen zu erkennen, da sich die Flügel in demselben Grunde mit der Täfelung befinden. Gerade dadurch wirkt der Raum so völlig abgeschlossen. An der Hinterwand springt ein Balkon mit Logen, aus demselben Holz und in denselben Linien, vor... Das Licht kommt von einer mächtigen Kristallkrone an der glatten, grauen Decke und von den Kandelabern an den Pilastern der Wände. Man sieht: es herrscht eine fast extreme Einfachheit...»[103] Mit nur 292 Sitzen ist der Zuschauerraum nicht wesentlich größer als die Bühne; durch das Wegfallen des üblichen Bühnenrahmens – Saal und Podium sind nur durch zwei Stufen getrennt – entsteht der Eindruck eines geschlossenen, Darsteller und Publikum miteinander verschmelzenden Raumes. *Seit ich beim Theater bin, wurde ich von einem bestimmten Gedanken verfolgt und schließlich geleitet: die Schauspieler und die Zuschauer zusammenzubringen – so dicht aneinander gedrängt wie nur möglich.*[104] Realisiert wurde dies erstmals mit Reinhardts Kammerspielen; der Gedanke war jedoch nicht neu. Strindberg hatte 1888 in seinem Vorwort zu «Fräulein Julie» bereits ein analoges Programm entwickelt, konnte es selbst aber erst 1907 mit der Gründung des Intimen Theaters in Stockholm verwirklichen. Nicht nur Kammerspiele oder Intimes Theater waren ein Novum, sondern überhaupt die Abstimmung des architektonischen Rahmens auf den Charakter des Dramas. Der heute verbreitete Usus, daß ein Theater mehrere verschieden dimensionierte Bühnenhäuser bespielt, entstand erst im Umkreis Reinhardts. 1902 entwarfen Hans Oberländer und Gustav Knina das (patentierte) Projekt eines variablen, durch Herablassen einer beweglichen Decke und Verschiebung der Bühnenöffnung verkleinerbaren Theaters, je nach Maßgabe des zur Vorstellung gelangenden Stückgenres.[105] Kurz darauf konnte das Prinzip der räumlichen Funktionalität an zwei Spielorten verwirklicht werden, als Reinhardt ab Februar 1903 neben dem Kleinen Theater mit seinen 366 Plätzen das wesentlich größere, 890 Sitze umfassende Neue Theater übernahm. Nach dieser Erfahrung wurde für Reinhardt, als er in das um weitere 100 Plätze größere Deutsche Theater einzog und die beiden anderen Bühnen abgeben mußte, der Bau der Kammerspiele zur Notwendigkeit. Der Kauf des unmittelbar neben dem Deutschen Theater gelegenen, nicht allzu gut beleumdeten Tanzlokals Emberg ermöglichte den Bau.

Mit der Eröffnungsvorstellung am 8. November 1906, Reinhardts Inszenierung von Henrik Ibsens «Gespenster», wurde die Kammerspiel-Idee optimal erfüllt. «Das Aufrührerdrama war für uns längst von den Resignationsdramen überholt worden», kommentierte Siegfried Jacobsohn nach der Premiere. «Jetzt galt es den menschlichen Gehalt, nicht mehr die Tendenz. Die Tendenz der ‹Gespenster› hat unsere eigene Sittlichkeit reformiert; sie hat ihre Schuldigkeit getan; sie kann gehen. Ewig jung bleibt Ibsens Menschlichkeit. Sie ganz und rein ans Licht gehoben zu haben, ist der Fortschritt, die Tat und die unsägliche Schönheit dieser Vorstellung.»[106] Reinhardt hatte nach seinem Prinzip, «für jedes Stück nicht bloß den besten, sondern den einzig möglichen»[107] Bühnenbildner zu suchen, Edvard Munch für die Ausstattung gewinnen können. Ernst Stern beschreibt in seinen Memoiren einen von Munchs Entwürfen und Reinhardts Reaktion auf das Bild: «Es stellte ein Zimmer dar, dessen charakteristisches Merkmal ein großer schwarzer Lehnstuhl war ... Munchs Bild, in seiner üblichen Art gemalt, gab mir nur sehr wenig Hinweise für die Gestaltung im einzelnen, und das sagte ich Reinhardt auch. *Mag sein,* antwortete er, *aber der Lehnstuhl sagt alles! Sein Schwarz gibt die ganze Stimmung des Dramas restlos wieder! Und dann die Wände der Stube auf Munchs Bild!* fuhr er fort. *Sie haben die Farbe von krankem Zahnfleisch. Wir müssen uns bemühen, eine Tapete dieses Tons zu finden. Sie wird die Schauspieler in die richtige Stimmung versetzen! Das Mimische bedarf, um sich auszuleben, des durch Form, Licht und vor allem durch Farbe modulierten Raumes!*»[108] Reinhardt hatte an Munch geschrieben: *Das Interieur bei Ibsen ist bis jetzt unbeschreiblich vernachlässigt und mißhandelt worden. Ich bin der Meinung, daß es einen wesentlichen Teil von dem Vielen ausmacht, das bei Ibsen zwischen und hinter den Worten steht und die Handlung nicht nur umrahmt, sondern symbolisiert. Ich glaube fest daran, daß wir gerade mit Ihrer Hülfe Menschen und Scenerie so aufeinander abstimmen und so voneinander abheben können, daß wir dadurch noch unerschlossene Tiefen dieses grandiosen Werkes erhellen und im Ganzen eine beachtenswerte Arbeit leisten werden. Bisher hat die deutsche Bühne eine mehr oder weniger gelungene klinische Irrsinnsstudie in das grelle Rampenlicht gerückt und alles andere im Schatten wirken lassen. Das Umgekehrte ist meiner Meinung nach das Rechte.*[109] In einer im November 1915 in Christiania gehaltenen Rede zitierte Reinhardt gerade das Beispiel von «Gespenster», um seine Auffassung von den Aufgaben des Schauspielers zu beleuchten: *Der Schauspieler muß sein Geheimnis haben, und er muß es bewahren können ... Oswald darf natürlich nicht schon im ersten Augenblick wahnsinnig erscheinen. Ich habe große italienische Schauspieler gesehen, die den Wahnsinn vom ersten Akt an spielten ... Sie waren wundervoll wahnsinnig. Aber dann müßten alle anderen Personen des Werkes auch wahnsinnig sein, da sie das gar nicht merken. Damit wird schließlich das ganze Stück verrückt.*[110]

Daß die differenzierte Darstellungsweise in den Kammerspielen gelang, bezeugen die Kritiken: «Oswald hieß Alexander Moissi. Die Rolle liegt ihm wie keine frühere. Das Morbide, Seltsame, Dekadente, das er in seiner Erscheinung und Sprache in andern Aufgaben oft störend an den Tag legt, fügt sich hier zu einem Gesamtbild von ergreifender Lebensechtheit. Die Wahnsinnsszene am Schluß haben wir seit Zacconi so realistisch nicht gesehen, doch vermeidet es Moissi mit Recht ... die ganze Rolle zu einer psychiatrischen Studie zu machen.»[111] Die Enge des Raums ermöglichte es, die subtilsten Nuancierungen im Ensemblespiel der fünf Personen – Moissi, Agnes Sorma (Frau Alving), Friedrich Kayßler (Pastor Manders), Lucie Höflich (Regine) und Max Reinhardt (Engstrand) – zur Geltung zu bringen. Siegfried Jacobsohn resümierte seinen Eindruck: «Wer hier nicht jubelt, fälscht seinen Eindruck, wenn

Bühnenbildentwurf von Edvard Munch zu «Gespenster» von Henrik Ibsen, 1906

anders er überhaupt fähig ist, Kunst zu empfinden. Ich wenigstens habe niemals und nirgends einen ähnlichen Eindruck an mir verspürt, noch an einem ganzen Publikum bemerkt.»[112]

Man warf Reinhardt oft vor, er lasse seine Inszenierungen «verkommen». Tatsächlich konnte es geschehen, daß schon bald nach der Premiere Rollen an zweite und dritte Besetzungen, ohne daß diese auch nur in einer einzigen von Reinhardt persönlich geleiteten Probe dafür vorbereitet worden wären, weitergegeben wurden, während Reinhardt mit den Darstellern der Premiere schon in täglichen (und vor allem nächtlichen) Proben die nächste Inszenierung vorbereitete oder auf Tournee ging. Mit den von ihm gebauten oder umgebauten Theatern – rückblickend konnte er dreizehn Theaterbauten zählen, die ja alle den Charakter von «Inszenierungen» hatten – verhielt es sich ähnlich. Nachdem sie bezogen waren, nach den ersten glänzenden, fast immer neue Maßstäbe setzenden Premieren, übte eine neue Aufgabe bereits ihren Reiz aus. Reinhardts Stärke und seine größte Freude lag im Erfinden und Experimentieren, im Bauen und Probieren, im Erkunden der Möglichkeiten, die, wenn sie erreicht waren, den Mitarbeitern und Nachfolgern als Vorbild überlassen wurden.

In den Kammerspielen inszenierte Reinhardt 1905/06 noch Wedekinds «Frühlings Erwachen», Hauptmanns «Friedensfest» und «Aglavaine

und Selysette» von Maeterlinck – Vorstellungen, die Niveau und Charakter von «Gespenster» hielten. Hermann Bahr inszenierte zwei weitere Dramen Ibsens («Hedda Gabler», ebenfalls mit Bühnenbildern von Munch, und «Komödie der Liebe»). Reinhardts eigener Anteil wurde schon in den folgenden Jahren geringer; Hofmannsthals «Der Tor und der Tod» (1908) und «Der verwundete Vogel» von Alfred Capus (1910) waren weitere Kammerspiele; zwischen 1910 und 1913 gab er, Gastspielen und dem Arenatheater zugewandt, dem kleinen Haus keine eigene Neuinszenierung. Strindberg inszenierte er in den Kammerspielen erst 1913 («Wetterleuchten»; 1914 folgte «Scheiterhaufen»; 1916 «Gespenstersonate»); seine letzte Inszenierung war 1925 Max Mells «Apostelspiel». Schon in der dritten Spielzeit der Kammerspiele wurden die akustischen und optischen Proportionen des Hauses intimen klassischen Werken nutzbar gemacht: Reinhardt inszenierte im Oktober 1908 «Clavigo», zwei Jahre später Shakespeares «Komödie der Irrungen» und Molières «Heirat wider Willen» (in Hofmannsthals Bearbeitung); Goethes «Stella» war 1920, mit Helene Thimig, der letzte Glanzpunkt.

Auch die Komödie, die der Bauherr Reinhardt ab 1924 mit einer Reihe brillanter Lustspielinszenierungen bedachte, um auch dieses «Spiel» bald hinter sich zu lassen, und das Theater in der Josefstadt, Reinhardts wohl glanzvollste «Inszenierung» eines Theaterbaus, sind ihrem Charakter nach Kammerspiel-Häuser. Das Josefstädter Theater sollte in Wien die Qualitäten, die in Berlin verlorenzugehen drohten, zu einem neuen Höhepunkt führen. Reinhardt hoffte bei der Übernahme, das auseinandergebrochene Berliner Ensemble, die vielen von Bühne zu Bühne wandernden Schauspieler zusammen mit Wiener Künstlern in diesem Haus erneut zu vereinen. Er hatte die größten Anstrengungen unternommen, um in Wien Fuß zu fassen. 1918, als Hofmannsthals Jugendfreund Leopold von Andrian zum Intendanten der kaiserlichen Theater ernannt wurde, rückte die Berufung zum Direktor des Burgtheaters in greifbare Nähe. In den Wirren der folgenden Jahre scheiterte jedoch selbst der Plan einer zeitweiligen, gastweisen Beschäftigung Reinhardts an örtlichen Widerständen. Nur ein viermonatiges Gastspiel in dem von Alfred Roller umgebauten Redoutensaal der Hofburg kam im Som-

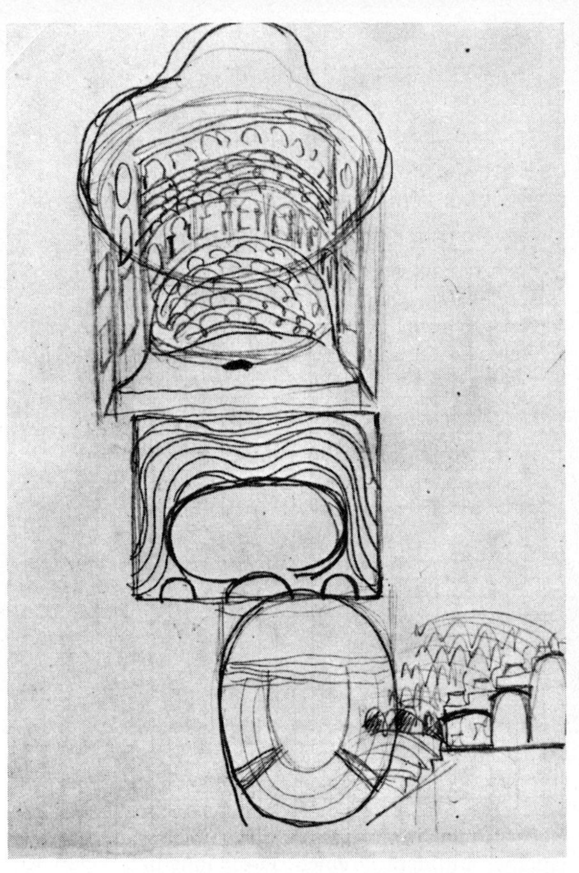

Zwei Seiten aus einem Notizbuch Reinhardts

mer 1922 zustande. Schon Anfang 1921 hatte sich Reinhardt mit Hilfe eines Finanzkonsortiums um den Erwerb eines eigenen Theaters bemüht. Zeitweilig dachte man an ein vielseitiges Engagement Reinhardts in Wien; der Umbau des Wiener Zirkus Schumann zu einem Volksfestspielhaus und eine Kombination mit Filmverpflichtungen der Reinhardtschen (aus Berlin zu importierenden) Schauspieler wurden in die Überlegungen einbezogen. Konkurrenzangebote und Finanzierungsschwierigkeiten vereitelten die Realisierung. Da tauchte – im Frühjahr 1922 – zum erstenmal der Gedanke an das Theater in der Josefstadt auf und, als Provisorium, der Plan, das kleine, damals nicht bespielte Schönbrunner Schloßtheater zu pachten. (Acht Jahre später, als Reinhardts Schauspiel- und Regie-Seminar dort einzog, wurde dieser Plan verwirklicht.) Da der Einstieg auf breiterer Basis sich als unmöglich erwies, war Reinhardt vor allem daran gelegen, in Wien einen intimen Raum zu finden.

Bühne und Zuschauerraum des Theaters in der Josefstadt

Schon bevor der Kauf abgeschlossen war, entwickelte er entsprechende Repertoirevorstellungen: Gozzis «Turandot», Tschechov, Strindberg, Goethes intimere Dramen, Hofmannsthals «Der Schwierige» und «Die Dame Kobold». Ziemlich genau dieses Repertoire wurde dann, vom 1. April 1924 an, dem Tag, an dem das Josefstädter Theater unter Reinhardts Leitung mit Goldonis «Diener zweier Herren» und einem szenischen Prolog von Hofmannsthal eröffnet wurde, verwirklicht. Es waren wiederum Kammerspiele, und der von Reinhardt wie von Hofmannsthal öfters auf das Berliner Kammerspiel-Haus angewandte Vergleich mit dem Corpus einer Violine drängte sich erneut auf – nur glich er jetzt dem einer authentischen Stradivari. *Das Josefstädter Theater, das ich mir mehr als irgendein anderes Theater gewünscht habe, ist meinem Empfinden nach ein geradezu unvergleichlicher Raum, um dort mit Schauspielern zu arbeiten. Seine Akustik ist wundervoll ... Bei dem Umbau wurden Zuschauerraum und Bühne neu ausgestattet, aber die alte Form, die mir als das Wertvollste erschien, blieb bewahrt.*[113] Die Baufälligkeit des Biedermeier-Hauses und seine Lage inmitten einer Reihe von Saalbauten und Höfen war für Reinhardt ein zusätzlicher Anreiz. Es bot ihm die Möglichkeit, den Raum «aus sich selbst heraus» zu erneuern.

Das geschah, mit einer leichten Verschiebung ins Venezianische – das Teatro Fenice diente als Vorbild –, vom Sommer 1923 bis zum Frühjahr 1924. Der Bankier Camillo Castiglioni finanzierte das Unternehmen. Gemeinsam mit dem Architekten Carl Witzmann ging Reinhardt an die Ausgestaltung des Theaters und der umliegenden Räume. Vor allem aus Italien wurden Kunstwerke und Einrichtungsgegenstände beschafft. Eine besondere Attraktion wurde – und ist bis heute – der jeweils im Augenblick des Spielbeginns zur Decke hochschwebende, böhmischen Vorbildern nachgebildete Barock-Lüster. Die Briefe, die Reinhardt während der Vorbereitungszeit an Helene Thimig schrieb (er inszenierte im Winter 1923/24 «Das Mirakel» in New York), geben einen Begriff davon, was ihm «die Josefstadt» bedeutete: *An Castiglioni habe ich ein separates Telegramm geschickt, über die antiken Gegenstände und über die Tiepolo-Decke. Man müßte Castiglioni noch von anderer Seite bewegen, ich bin überzeugt, er kauft den Plafond ... Sieh Dir die Blätter und Spiegel an, geh ins Dorotheum und zu Sartori. Witzmann muß möglichst viel Antikes, Altes bekommen, möglichst wenig machen. Die Kronen, die Türrahmen in ganzer Höhe, das Deckengemälde im Foyer, schlimmstenfalls das von Barocci. Der Velour im Parkett, die Bilder und Büsten in den Gängen sind mir besonders wichtig – ich schreibe alles durcheinander, zittere vor Erregung.*[114]

Das Theater in der Josefstadt wird seit Reinhardts Umbau als eines der schönsten in der Welt gerühmt. Zur 100. Wiederkehr von Reinhardts Geburtstag (1973) wurde es in der Form von 1924 erneut restauriert, als eines der lebendigsten Zeugnisse Reinhardtscher Theaterkunst.

Eine bescheidene Renaissance des in Berlin und Wien gepflegten intimen Stils vollzog sich noch einmal in Reinhardts letzten Jahren. Beteiligte berichten, einige seiner Inszenierungen auf der kleinen Bühne des Hollywood Workshop seien Höhepunkte des *Kammerspiels* gewesen.

«ZIRKUS REINHARDT»

Reinhardts Berliner *Kammerspiele* stießen bald auf Einwände: sie seien zu exklusiv und daher snobistisch. Diese Kritik war berechtigt. Anfangs kostete jeder der wenigen Sitze 20 Mark, ein Preis, der den potentiellen Besucherkreis aufs äußerste einschränkte. (Man ging bald zu niedrigeren und differenzierten Preisen über.) Reinhardt wurde sich dessen schnell bewußt. *Die Kammerspiele faßten zu wenig Leute und die Qualität des Publikums wächst mit seiner Quantität* – eine Erfahrung, die ihm von den Rängen des Burgtheaters her bekannt war. *Das sogenannte «gute» ist nämlich in Wirklichkeit das schlechteste Publikum. Abgestumpfte unnaive Menschen. Unaufmerksam, blasiert, selbst gewohnt im Mittelpunkt der Aufmerksamkeit zu stehen ... Gut ist nur die Galerie.*[115]

Diese Einsicht und die Hoffnung, breiteste Kreise ins Theater zu holen, führte zum Spiel in der Arena. Reinhardts Großrauminszenierungen wurden zum spektakulärsten und umstrittensten Teil seiner Arbeit, nicht jedoch zu ihrer geistigen Mitte. Die Motive für das Arenatheater waren im Grunde dieselben wie für die Kammerspiele: die Abstimmung des Raums auf den Charakter des Dramas und die Beseitigung der traditionellen Schranken zwischen Bühne und Zuschauerraum. Nur waren die Dimensionen von Drama und Publikum eben andere als in den Kammerspielen. *Mir war der Rahmen, der Bühne und Welt trennt, nie etwas Wesentliches, meine Phantasie hat sich seiner Despotie nur ungern gefügt, ich sehe in ihm nur einen Notbehelf der Illusionsbühne, des Guckkastentheaters, aus den spezifischen Bedürfnissen des Illusionstheaters hervorgegangen und nicht für alle Zeiten gültig, und alles, was diesen Rahmen sprengt, die Wirkung erweitert und steigert, den Kontakt mit dem Publikum verstärkt, ob nach der intimen oder der monumentalen Seite hin, wird mir immer willkommen sein.*[116]

Seit der Jahrhundertwende hatte sich Reinhardt um eine Erneuerung der Tragödie der klassischen Antike auf der Bühne bemüht. Die erste Gelegenheit zur Erprobung des Versuchs, das antike Theater unter räumlichen Bedingungen aufzuführen, die jenen entsprachen, für die diese Dramen ursprünglich entstanden waren, bot sich, als man Reinhardt bat, ab 1909 die Festspiele des soeben auf der Münchner Theresienhöhe erbauten Künstlertheaters zu leiten. Es stand die unmittelbar daneben liegende Musikfesthalle mit dreitausend Plätzen zur Verfügung. Dort wurde im Sommer 1910 der «König Ödipus» des Sophokles aufgeführt. Hofmannsthal hatte die griechische Tragödie bearbeitet und gemeinsam mit Reinhardt ein Regiebuch für die Festhallen-Inszenierung ausgearbeitet. *Für mich kam es darauf an,* berichtete Reinhardt, *die Tragödie des Sophokles aus dem Geist unserer Zeit wieder aufleben zu lassen, sie den Bedingungen und Verhältnissen der heutigen Zeit anzupassen ... Das Wesentliche des Zusammenhanges zwischen der heutigen und der alten Bühne sah ich für meinen Teil darin, ob es gelingen könnte, die Dimensionen wieder zu schaffen, mit denen die großen Wirkungen des antiken Theaters so eng verknüpft waren.*[117] Das Experiment gelang. «König Ödipus» wurde, nach Gastspielreisen, in den Berliner Zirkus Schumann übernommen; ein Jahr darauf folgte dort die «Orestie» des Aischylos in einer Bearbeitung Karl Vollmoellers. Ebenfalls 1911 kam «Jedermann», Hofmannsthals Neufassung des mittelalterlichen «Everyman»-Spiels, und im selben Monat (Dezember 1911), mit rund zweitausend Darstellern und der zehnfachen Zahl an Zuschauern, die Uraufführung von Vollmoellers pantomimischer «Mirakel»-Legende in der Olympia Hall in London. Auch der Versuch, die Tradition des Mysterienspiels wiederaufzugreifen, schien mit diesen beiden Aufführungen geglückt, obwohl «Jedermann» zunächst weniger enthusiastisch aufgenommen wurde als «König Ödipus».

Reinhardt hatte in konsequenter Vorarbeit das Instrument für die Zirkus-Spiele entwickelt, die Massenregie, und insbesondere die differenzierte Behandlung chorischer Formen. Bereits die Meininger, von denen Reinhardt nicht nur in dieser Hinsicht beeinflußt wurde, hatten bei Massenszenen die üblichen, oft aus Kasernen abkommandierten Statistenkulissen durch aktivierte Darstellergruppen ersetzt. Reinhardt steigerte die Individualisierung von Gruppen virtuos und erreichte damit in-

Reinhardt als Kammerdiener in «Kabale und Liebe». Theater in der Josefstadt, 1924

tensivste Wirkungen. Bei Volksszenen in Shakespeares Dramen, bei der für die Schwestern Grete und Elsa Wiesenthal erfundenen großen Schlußpantomime der «Lysistrata», in den Waldszenen der Schillerschen «Räuber» war das erprobt worden. Aber erst in der griechischen Tragödie und im Mysterienspiel, in den räumlichen und akustischen Dimensionen des Zirkus konnten solche Effekte zur vollen Entfaltung kommen. Dabei wußte Reinhardt jede dekorative Nuance, jede schauspielerische Eigenart, auch Zufälle, zur Geltung zu bringen. Fritz Kortner berichtet in seinen Memoiren von einer Probe in Moskau. Reinhardt probte bis zur Erschöpfung, allein sechs Stunden mit den zehn Dienerinnen der Jokaste.

«König Ödipus» mit Martin Harvey. London, 1911

Als nach vier Stunden die Schauspielerin, die den Botenbericht von der Blendung des Königs zu überbringen hatte, zusammenbrach, inszenierte Reinhardt die Szene völlig um, «und zu meiner staunenden, unvergessenen Bewunderung wurde sie entschieden besser. Er verteilte den Bericht unter die zehn Frauen. Die erste sagte einige Zeilen, dann konnte sie aus Entsetzen vor dem Erlebten und noch zu Berichtenden nicht weiter und mußte sich, schwach geworden, auf einer Treppenstufe niederlassen. Die zweite berichtete weiter, kam aber auch nur einige Zeilen im Schreckensbericht voran, als eine dritte darüber ohnmächtig wurde. War Reinhardt von der faktischen Ohnmacht der Schauspielerin inspiriert worden? Dann fuhr eine vierte fort, bis schließlich alle zehn einander nicht mehr zu Wort kommen ließen, und von der Lust am Erzählen befallen, die Sätze gewissermaßen einander aus dem Munde rissen.»[118]

Schon mit den ersten Arena-Inszenierungen kam der Gedanke auf, ein ständiges «Theater der Fünftausend» zu schaffen. «Daß dem kunstempfänglichen und aufwärtsstrebenden Arbeiter, Handwerker und Angestellten nicht Worte vorenthalten bleiben, die, als höchste Errungenschaft des Volksganzen, auch dem Volksganzen wieder zugute kommen sollen und nicht bloß einem kleinen Luxuspublikum»[119], wurde in einer Denkschrift gefordert. Außer diesem sozialen Aspekt spielten nationale Erwägungen bei dem auch von Kreisen der Wirtschaft und der konservativen Intelligenz geförderten Projekt eine Rolle. Da es Reinhardt tatsächlich gelungen war, breiteste Publikumsschichten mit seinen Arenaspielen zu erreichen, da er zudem das Deutsche Theater über zehn Jahre erfolgreich geführt und zur repräsentativsten deutschsprachigen Bühne gemacht hatte, lag es nahe, ihm das geplante «Nationaltheater» zu geben. Vorerst übernahm er (1915) für drei Spielzeiten die Volksbühne am Bülowplatz, die mit ihren zweitausend Plätzen zwar den üblichen Rahmen erweiterte, jedoch als Guckkastentheater nicht die dramaturgischen Bedingungen erfüllte, die Reinhardt vorschwebten. Die «Deutsche Nationaltheater A. G.», an der Reinhardt administratorisch (Edmund Reinhardt führte den Vorsitz) und finanziell maßgeblich beteiligt war, kaufte schließlich das Haus, in dem Reinhardt seinen Arena-Gedanken am konsequentesten weiterverfolgen konnte: den Zirkus Schumann. Der Bau war auch durch seine Lage, zwischen Schiffbauerdamm und Karlstraße, in nächster Nähe des Deutschen Theaters, attraktiv. Hans Poelzig übernahm den Umbau. Am 28. November 1919 wurde das «Große Schauspielhaus» mit einer Aufführung der «Orestie» eröffnet. Ins Souterrain zog ein neues «Schall und Rauch»-Cabaret und wurde bald ein Treffpunkt von Expressionisten und Dadaisten. Die Eröffnung des Großen Schauspielhauses wurde, trotz zahlreicher, großenteils antisemitisch gegen Reinhardt gerichteter Angriffe zunächst überwiegend positiv beurteilt. «Auf allen Gesichtern das Staunen über das Haus, vor allem über die Kuppel, die sich wie eine Eisgrotte hochtürmt. Nord und Süden: denn in der Pause sahen wir die Wandelgänge, und es war ein Wandeln unter Palmen, die rotes und blaues Licht milde ausstrahlen ... ‹Licht› heißt überhaupt eines der Zauberworte, die über Reinhardts Weg stehen. Das Haus wurde noch schöner, als es sich zum Beginn der Vorstellung in halbe Helle tauchte und das Publikum nur noch Masse war. Die Kuppel ward dann zum Himmel mit leuchtenden Gestirnen, wir saßen in Attikas ungedecktem Theater.»[120] Doch mischten sich schon in die ersten Kritiken skeptische Töne: «Die Orestie, Faust, Götz, Lysistrata, Julius Cäsar – es wird das wichtigste Theatermuseum der Gegenwart werden, die Gegenwart selbst wird (das eine Hauptmann-Drama weggerechnet) darin stumm sein. Das muß so sein: Wir sind kein Volk, haben kein Einheitsgefühl.»[121] Tatsächlich war es Reinhardts Hoffnung gewesen, mit den Möglichkeiten dieses 3200 Menschen fassenden Hauses den Aufschwung eines neuen dramatischen Genres zu provozieren, gewissermaßen in umgekehrter Analogie zur Entwicklung des intimen Theaters unmittelbar nach der Jahrhundertwende. Mit Hauptmanns «Festspiel in deutschen Reimen», das zur Jahrhundertfeier der Befreiung von Napoleon I. in der unter Reinhardts beratender Mitwirkung erbauten Breslauer Jahrhunderthalle 1913 von ihm inszeniert worden war, schien ein in die Zukunft weisender Anfang gemacht. Die Hoffnung erfüllte sich jedoch nicht, Reinhardt mußte sich fast ausschließlich auf die Inszenierung antiker und klassischer Stücke beschränken, die immer regelmäßiger dem beinahe einhelligen Verdikt der Kritik verfielen. Karlheinz Martin inszenierte Werke von Hauptmann, Hasenclever, Kaiser und Toller; dennoch, und trotz großer Publikumserfolge in den ersten Jahren, konnte sich das Große Schauspielhaus auf die Dauer nicht durchsetzen. Während das Publikum, fasziniert von der Weise, wie es ins Spiel miteinbezogen wurde (in Reinhardts Inszenierung von Romain Rollands «Danton» tauchten die Revolutionäre aus den Reihen der Zuschauer auf), das Große Schauspielhaus noch füllte, polemisierte die Presse. Rudolf Borchardt veröffentlichte in der von Stefan Großmann herausgegebenen Wochenschrift «Das Tagebuch» einen Artikel «Aufstieg des Großen Schauspielhauses», in dem er die Theaterkritik eines Komplotts gegen Reinhardt bezichtigte. Die Summe der Einwände wurde in dem Begriff «Zirkus Reinhardt» resümiert, der den Titel eines in Buchform erscheinenden Pamphlets des Literaturwissenschaftlers Franz Ferdinand Baumgarten abgab. Reinhardt war keineswegs unempfindlich gegen diese Stimmen; sie beschleunigten seinen Weggang aus Berlin. Reaktionen wie diejenige eines Wiener Kritikers, schon 1912, nach Reinhardts «Mirakel»-Gastspiel in der Wiener Rotunde, waren häufig: «Das Theater der Fünftausend ist erreicht – aber um welchen Preis! Ein Künstler ist darüber zum Zirkusdirektor geworden. Schade um ihn!»[122]

Das Spektakuläre an Reinhardts Unternehmungen war zu allen Zeiten – nicht erst im Hinblick auf die Großrauminszenierungen – auch das Hauptobjekt der Kritik an ihm. Nicht nur ein sich unterschätzt fühlender Regieschüler, Dr. Ernst Bergmann, der bereits 1906 im Selbstverlag eine Broschüre mit dem Titel «Der Fall Reinhardt oder der künstlerische Bankrott des Deutschen Theaters zu Berlin» herausgab, sondern auch ernster zu nehmende Stimmen wie diejenigen von Karl Kraus und Alfred Kerr kritisierten gerade diesen Aspekt von Reinhardts Kunst. Sie argumentierten im Namen der Sprache, allerdings von verschiedenen Warten aus. Karl Kraus, der dem Burgtheater-Stil verhaftet war, argumentierte im Namen des von ihm propagierten «Theaters der Dichtung». Dienst am Wort sah er als die einzige Aufgabe des Theaters; die Bühne ersetzte er konsequent durch das Vorlesepult. Er konnte sich dabei auf seine Entdeckung des verkannten (Sprach-)Satirikers Nestroy berufen. In seinen vierzehntägig erscheinenden roten «Fackel»-Heften wurde Reinhardts Regietheater zu einem der beliebtesten Objekte von Satire und Polemik. Alfred Kerr, nicht weniger apodiktisch als Kraus, aber dennoch mehr auf den eigenen witzig-pointierten Stil als auf permanente Gegner fixiert, unterstützte Reinhardt gelegentlich; meist sah er in ihm jedoch «Reklamowitz-Klimbimski», wie er ihn nannte, den Zerstörer von Brahms nüchternem Stil. Bezeichnend sein Resümee von Reinhardts «George Dandin»-Aufführung im April 1912: «Statt des Molière mit der Pritsche ein Molière mit dem Kitsche.»[123] Reinhardt hatte die bei konventionellen Aufführungen amputierten Balletteinlagen wiederaufgenommen und, zur hellen Begeisterung seines Publikums, die ursprüngliche Dialektik von Festlichkeit und satirischer Komik wiederhergestellt.

Letztlich wandten sich Persönlichkeiten wie Kerr und Kraus gegen die Emanzipation der Regie, gegen die Tatsache, daß durch Reinhardt

Großes Schauspielhaus: der Innenraum. Entwurf: Hans Poelzig

Regie zur gestaltenden Funktion wurde. Diese kritische Position wurde in dem Moment heilsam, wo die Gefahr bestand, daß die Mittel zum Selbstzweck wurden, wie es bei Reinhardt in extremen Fällen wohl passierte: etwa bei dem grandiosen, als Dokument unschätzbaren «Sommernachtstraum»-Film. Die virtuose Entfaltung des Monumentalen und der Technik geht hier auf Kosten der Sprache. Das gilt jedoch nicht für die entscheidenden Leistungen Reinhardts: seine Shakespeare-Inszenierungen auf der Bühne, die auch am wenigsten umstritten waren. Kerr bewertete selbst die für damalige Verhältnisse gerade durch die Aktivierung außersprachlicher Mittel revolutionäre «Sommernachtstraum»-Inszenierung von 1905 positiv. Andere einflußreiche Kritiker sahen in den von Reinhardt entfesselten Spielmöglichkeiten die Zukunft des Theaters. Sie setzten an die Stelle pointierter Formulierungskunst die in der Tradition Theodor Fontanes entwickelte beschreibend-interpretierende Kritik. Zu diesen gehörten Julius Bab (der allerdings einer derjenigen war, die das Große Schauspielhaus rigoros ablehnten), Siegfried Jacobsohn, der in seiner «Schaubühne» einfühlsame, ausführlich schildernde Besprechungen brachte, und, Reinhardt wohl am nächsten stehend, der vielseitige Oscar Bie, Professor der Ästhetik, Herausgeber von S. Fischers «Neuer Rundschau» und Opern- und Musikkritiker des «Berliner Börsen-Courir», häufig Reinhardts Berater in ästhetischen und kunsthistorischen Fragen. Auch die kleineren, ohne «Star»-Kriti-

In Dubrovnik, 1932

ker operierenden Blätter verhielten sich in der Mehrzahl prinzipiell positiv gegenüber Reinhardt.

Nach 1918 veränderte sich Reinhardts Situation: Einerseits war ihm mit der Ausrufung der Republik die Basis für seine anti-wilhelminische, progressive, von kritischer Presse und Intelligenz geteilte Haltung entzogen, andererseits traten jetzt mit den jüngeren Regisseuren (Brecht, Engel, Viertel, Piscator, vor allem aber Jessner) und einer zunehmenden Politisierung, die ihm widerstrebte, erstmals ernst zu nehmende Alternativen und damit Konkurrenten auf. Der dramaturgisch einflußreichste Kritiker der zwanziger Jahre, Herbert Jhering, nahm Reinhardts Arbeit nicht ohne Bewunderung, aber als etwas Vergangenes, Überholtes zur Kenntnis. Unter diesen Vorzeichen gewann die Kritik um 1920 an Einfluß. Zumal angesichts der Inflation hing die Existenz der größtenteils noch unsubventionierten Bühnen immer stärker vom Wohl- oder Übelwollen der Presse ab. Der Konkurrenzkampf wurde in erster Linie in den Zeitungen ausgetragen. Es kam vor, daß ein Schauspieler, der einen besonders gefürchteten Kritiker in den Zuschauerraum treten sah, sich vor Erregung erbrach. Aber schon 1911 hatte Reinhardt, verstimmt über die hartnäckige Kritik der Berliner Presse an seinen Arena-Tourneen, angekündigt, er werde Berlin den Rücken kehren.

GASTSPIELE UND FESTSPIELE

Als «Zirkus» ist Max Reinhardts Theater auch wegen seiner Beweglichkeit bezeichnet worden. Seit Reinhardts Anfängen als Schauspieler verging kein Jahr, in dem er nicht als Darsteller, Regisseur oder Theaterdirektor auf Reisen ging. Die Motive für diese Bewegungen waren künstlerischer und materieller Natur: die Gastspiele des Schauspielers halfen ihm nicht nur über die engagementsfreien Sommer, sondern führten auch zu seiner Verselbständigung. Sobald die Selbständigkeit dann auch äußerlich erreicht war, dienten sie dazu, das Erreichte zu sichern. Das «Schall und Rauch»-Ensemble ging schon vor der Etablierung im eigenen Saal auf Tournee; später wurde eine zweite Besetzung zusammengestellt, die mit den Berliner Erfolgen, vor allem den «Serenissimus»-Spielen, in den Städten des Reichs gastierte und Geld zurückbrachte. Die Tourneen mit den ersten Erfolgen des Kleinen und Neuen Theaters trugen den Namen Reinhardt als Inbegriff einer Reform des Theaters in die Provinz und verhalfen durch ihre weitreichende positive Resonanz wiederum zur Festigung der Position in Berlin. Mit den Münchner Festspielen (1909–11) ergab sich die Chance zur Erprobung neuer räumlicher Möglichkeiten außerhalb Berlins. Da war zum Beispiel die Reliefbühne des nach den Reformideen von Georg Fuchs erbauten Künstlertheaters, eine Bühnenform, die Reinhardts Vorstellungen zwar wenig entsprach, ihn aber doch reizte. Zum erstenmal entfaltete Reinhardt hier vor einem internationalen Festspielpublikum sein Repertoire. Der Reliefbühne, einer nach hinten und gegen den Zuschauerraum hin durch tiefe Gräben abgetrennten schmalen Spielfläche, die die Darsteller, wie Figuren eines Reliefs, von der Seite her betreten, gewann Reinhardt durch ihre Überwindung neue Aspekte ab. Um die Fläche in Raum umzuwandeln und die Distanz zwischen Bühne und Publikum aufzuheben, ließ er das Reliefpodium nicht nur nach hinten, sondern auch mitten in die Reihen der Zuschauer hinein mit einem Steg verbinden, über den die Darsteller auf- und abtraten, eine Einrichtung, die das japanische Theater als «Blumenweg» kennt. Festliches Theater setzte nach Reinhardts Ansicht in besonders hohem Maße die physische Nähe des Zuschauers zum Darsteller voraus. *Auf vielen Proben am Regietisch, also in nächster Nähe der Schauspieler, hatte ich unvergleichliche Erleb-*

Bei einer Probe zu Gerhart Hauptmanns «Festspiel in deutschen Reimen», Breslau 1913. Am Tisch: Ernst Stern, Reinhardt, Einar Nilson. Stehend hinter Reinhardt: Gerhart Hauptmann und Berthold Held

nisse ... ich habe erlebt, wie ihnen die Röte ins Gesicht, bis in die Haarwurzeln stieg – das, oder das leise Beben der Stimme, das Zucken der Lippen ... das Zittern der Hände – sind Regungen, die dann in der Aufführung zum Teil durch das Kostüm und die Entfernung zwischen Schauspieler und Zuschauer verloren gingen. So kam ich zur Form des antiken Theaters – in dem die Bühne in den Zuschauerraum hineingebaut ist – die sogenannte Orchestra, in der früher die Chöre um den Altar standen und wo die Zuschauer direkt um die Schauspieler saßen.[124] Die konsequente Weiterentwicklung des Experiments mit dem Blumenweg wurde das Spiel in der Arena. Festliches Theater – das ja für Reinhardt, wie einst für das Barock, in erster Linie Schau-Theater und damit auch über Sprachgrenzen hinweg wirksam war – wurde nach 1910 zum erfolgreichen Programm. Reinhardt folgte Einladungen in zahlreiche Länder.[125] 1912 war Reinhardts Theater von Moskau («König Ödipus») bis New York («Sumurûn») präsent. Nicht nur wegen des

„Große Chance für mich! Man könnte das gleiche Stück zu gleicher Zeit in New York, Berlin und Wien persönlich inszenieren."

Karikatur von Olaf Gulbransson

Venedig, 1934

Ruhms waren diese Gastspiele für Reinhardt wichtig, sie trugen auch zur Erhaltung der Berliner Bühnen bei. Zudem forderten sie die Perfektionierung bestimmter Genres geradezu heraus. Außer auf die Zirkusaufführungen und Pantomimen traf das vor allem auf das Musiktheater zu. Bei Offenbach- und Strauß-Inszenierungen arbeitete Reinhardt des öfteren mit ausländischen Spielern und Sängern, so 1931 («Fledermaus») und 1932 («Orpheus») in Riga; bei der «Fledermaus»-Inszenierung 1933 in Paris wurden die Zuschauer als Gäste des Prinzen Orlofsky, der ihnen in der Pause Champagner servierte, ins Spiel einbezogen.

Max Reinhardts Lust, einem Stück den idealen architektonischen oder landschaftlichen Rahmen zu geben, war oft ausschlaggebend. So ging die Initiative zu Gastspielen meistens von ihm aus. Den «Sommernachtstraum» hat er wiederholt in die Atmosphäre einer wirklichen Sommernacht, ins Freie, in Parks verlegt: 1910 in den Wald von Berlin-Nikolassee und in einen Park des oberbayrischen Murnau, 1932 in den Park von Schloß Kleßheim bei Salzburg; im Jahr darauf folgten

Freilichtaufführungen des Shakespeareschen Lustspiels in Oxford und in den Florentiner Giardini Boboli, 1934 in Hollywoods berühmter Bowl und – wie schon in Kleßheim, auf zwei Schauplätze verteilt – im Greek Theatre und der Faculty Glade, einem baumbestandenen Hügel im Park der Universität Berkeley. Im selben Jahr wurde Venedigs Campo San Trovaso der Schauplatz des von Reinhardt inszenierten «Kaufmanns von Venedig». In einem Rahmen, der dem politischen Charakter des Revolutionsdramas von Büchner Rechnung trug, in dem mit seiner theatralischen Neugotik Geschichte beschwörenden Hof des Wiener Rathauses, brachten «Reinhardt-Festspiele» 1929 «Dantons Tod».

DAS GROSSE WELTTHEATER

Fest und Spiel, das sind Schlüsselbegriffe, nicht nur für einen bestimmten Aspekt von Reinhardts Kunst, sondern für seine gesamte Theaterarbeit. Sie bezeichnen die Impulse, kraft derer er das Theater zu einem aus dem Alltag herausgehobenen, wenngleich in ihm wurzelnden Bereich des Lebens machen wollte. Dahin strebten seine beständigen Versuche, Zuschauer und Bühne, Leben und Kunst miteinander zu verschmelzen. So erklärt sich auch sein Bemühen um die Erneuerung traditioneller Theaterformen. Denn nicht nur die Erweiterung des Repertoires im Hinblick auf die angestrebte «Totalität», nicht nur der Reiz des

«Der Kaufmann von Venedig» im Campo San Trovaso. Venedig, 1934

jeweils Neuen bestimmten diese Suche, sondern mehr noch die Überlegung, daß Theater in seinen glücklichen Zeiten als echtes Bedürfnis aus Fest, Kultus und Spiel entstanden war. Im Menschen des 20. Jahrhunderts Emotionen zu nähren, die den kultischen Voraussetzungen des antiken Dramas, den mystischen des Mittelalters und des Barock oder den feiertäglichen der höfischen (Shakespeare, Molière) und der Vorstadt-Feste (Commedia dell'arte, Nestroy) vergleichbar sind, war Reinhardts Ziel. *Wie stark aber das Bedürfnis der Menschen nach solchen außergewöhnlichen Veranstaltungen ist, beweisen die Festspielstätten in Bayreuth, in München, in Oberammergau und die vielen Freilichtbühnen, trotzdem ihre Leistungen zum großen Teil recht problematischer Natur sind.*[126] Es ging darum, die Idee des Festspiels mit neuen, umfassenden Inhalten zu füllen. Richard Wagners «Gesamtkunstwerk» übte auf Reinhardt geringere Faszination aus als das Bayreuther Festspielhaus – *vielleicht das Genialste seiner Werke*[127].

Bereits in den ersten Jahren nach der Jahrhundertwende verfolgte Reinhardt, gemeinsam mit Bahr und Hofmannsthal, Festspielpläne. Wie aus Bahrs Berliner Aufzeichnungen hervorgeht, wurde 1903 der Gedanke diskutiert, in Berlin, Wien, München und Hamburg Theater unter gemeinsamer Leitung einzurichten. Auch Weimar wurde erwogen, Hofmannsthal als Intendant eines dortigen Festspielhauses vorgesehen. Einzig der Salzburger Plan, ebenfalls schon damals im Gespräch, wurde weiterverfolgt. Ein für den Sommer 1904 geplantes Gastspiel der Reinhardt-Bühnen in Salzburg traf auf materielle Schwierigkeiten, ebenso wie die 1906 projektierte Erbauung eines Salzburger Festspielhauses durch Henry van de Velde. Am 9. Dezember 1906 notierte Bahr (wohl für seine Frau Anna Bahr-Mildenburg): «Vorderhand teile ich Dir mit, daß Du Societärin eines großen mit 1.000.000 Mark in Salzburg von Van de Velde zu erbauenden Festspielhauses bist, wo Reinhardt, die Sorma und ich Schauspiel, Du und ich aber Oper machen (jährlich von Mitte Juni bis Mitte August).»[128] Zunichte geworden sind diese Pläne wohl alle letztlich durch Reinhardts Gebundenheit in Berlin. Erst die Erfahrungen des Weltkriegs, der Nachkriegszeit und Reinhardts daraus resultierende allmähliche Abkehr von Berlin schufen die Voraussetzung für die Realisierung der Salzburger Festspiele. Dabei kamen eine Reihe glücklicher Umstände zu Hilfe.

Schon in der zweiten Hälfte des 19. Jahrhunderts lag die Festspiel-Idee in der Salzburger Luft. Mozarts Geburtsstadt gedachte ihren berühmtesten Sohn zu feiern. Das geschah 1842 mit der Enthüllung eines Mozart-Denkmals, 1870 mit der Gründung einer internationalen Mozart-Stiftung (später Mozarteum). 1887 schlug der Dirigent Hans Richter den Bau eines Mozart-Festspielhauses auf dem Mönchsberg vor – ein österreichisches Pendant zu Bayreuth. Erstmals wurden Aktions-Comités gegründet, Denkschriften verfaßt. Mozart stand im Mittelpunkt, auch als Friedrich Gehmacher, Salzburger Versicherungskaufmann und eine der maßgeblichen Figuren der Stiftung Mozarteum, im Herbst 1913 den Gedanken wieder aufgriff und in den folgenden Jahren die Gründung einer «Festspielhaus-Gemeinde» anregte und schließlich (1. August 1917) erreichte.

«Jedermann». Inszenierung auf dem Domplatz. Salzburg, 1927

Mitten im Krieg knüpfte auch Max Reinhardt, im Juli 1916, an seine früheren Salzburger Pläne wieder an, zunächst gemeinsam mit dem Münchner Verkünder von «Volksfestspielen», Georg Fuchs. *Neben vielen höchst bedeutungsvollen Erscheinungen, die unsere Zeit uns offenbart, ist auch die bemerkenswerte Tatsache zu verzeichnen, daß die Kunst, insbesondere die Kunst des Theaters sich in den Stürmen dieses Krieges nicht nur behauptet, sondern ihr Bestehen und ihre Pflege geradezu als unumgängliche Notwendigkeit erwiesen hat ... Es hat sich gezeigt, daß sie nicht nur ein Luxusmittel für die Reichen und Saturierten, sondern ein Lebensmittel für die Bedürftigen ist.*[129] So heißt es in einer *Denkschrift zur Errichtung eines Festspielhauses in Hellbrunn*, die Reinhardt im April 1917 der k. u. k. Generalintendanz der k. k. Hoftheater überreichte. Von Mozart ist darin nicht die Rede, allerdings vom spezifisch österreichischen, auf Kultur und Landschaft Salzburgs bezogenen Charakter des geplanten Unternehmens. Das Memorandum, übrigens ein Kabinettstück der Diplomatie, wurde in Wien zu den Akten gelegt. Erst ein Jahr später, als Leopold von Andrian die Intendanz der Hoftheater übernahm, wurde es auf Hofmannsthals Initiative hin ernsthaft bedacht und mit dem Placet Karls I., des letzten Habsburger Kaisers, versehen. Zugleich gelang eine Koordinierung mit den rivalisierenden Initiativen der Salzburger «Festspielhaus-Gemeinde». *Unter dem Zeichen Mozarts*, hieß es nun in Reinhardts neuer Disposition, *des heiteren und frommen Genius Salzburgs, sollten hier Oper und Schauspiel, Lustspiel und Singspiel, das Volksstück ebenso wie die alten Mysterien- und Weihnachtsspiele zu einer erlesenen Einheit verwoben werden und jene reine, geistige Schönheit entfalten, zu der sich das Theater unter glücklichen Umständen zu erheben vermag.*[130] Max Reinhardt, Richard Strauss und Franz Schalk bildeten den «Kunstrat» der Festspiele; kurz nach dieser ersten Entscheidung der «Festspielhaus-Gemeinde» kamen Hugo von Hofmannsthal und Alfred Roller hinzu.

Trotz des Zusammenbruchs der Donau-Monarchie und der sich anbahnenden Wirtschaftskrise gedieh das Projekt, und zwar im August 1920 mit Reinhardts erster «Jedermann»-Inszenierung auf dem Domplatz. Der gewaltige Eindruck, den Hofmannsthals «Spiel vom Sterben des reichen Mannes» hinterließ, ist oft beschrieben worden. Reinhardt ließ die Stadt mitspielen: nicht nur die Domfassade mit ihren überlebensgroßen barocken Skulpturen und das Geviert aus sakralen und weltlichen Bauten, das die Zuschauer umschließt, nicht nur das Glokkengeläut und die Orgelmusik aus dem Innern der Kathedrale und die «Jedermann»-Rufe, die den Reichen von den Kirchtürmen und aus der Höhe der Festung her ins Grab rufen, auch das spätnachmittägliche Spiel von Licht und Schatten, Wetter und Wolken, die hie und da auffliegenden Taubenschwärme schienen «inszeniert». Dafür, daß der von Hofmannsthal und Reinhardt immer wieder behauptete volkstümliche Charakter solcher Spiele und ihre Verbundenheit mit der bayerisch-österreichischen Landschaft tatsächlich noch spürbar war, spricht die Tatsache, daß «Jedermann» spontan als Dialektstück von Laienspielgruppen in Dörfern der Salzburger Umgebung übernommen wurde.

Bei einer Probe zum «Faust», 1933: Reinhardt, Johannes Reich, Gusti Adler

Von den Hitler-Jahren 1938 bis 1944 und einigen Ausnahmen in der Frühzeit der Festspiele (1922–25) abgesehen wurde «Jedermann» seither alljährlich auf dem Domplatz, bei schlechtem Wetter im Festspielhaus, wiederholt, nach Reinhardts Tod seine Inszenierung nachgeahmt und variiert.

Hofmannsthal hatte in zahlreichen programmatischen Essays die Salzburger Festspiele propagiert und kommentiert. 1919 schrieb er: «Das Repertoire ist ungeheuer. Überblickt man es, so ergibt sich ein Schein von Buntheit, im Wesen eine organische Einheitlichkeit, in der, es sei noch einmal gesagt, die konventionelle Antithese von Oper und Schauspiel im hohen Festspiele aufgehoben erscheint.»[131] Dieses umfassende und ausgewogene Programm wurde bis zu Hofmannsthals Tod und danach bis zu Reinhardts Emigration weitgehend erfüllt. Zum Schauspiel traten im zweiten Jahr Konzerte und Ballett, im dritten die ersten Mozart-Opern, bald auch Gluck, Donizetti, Johann Strauß und Richard Strauss; zum «Jedermann» das «Salzburger Große Welttheater» und Volksspiele, von Max Mell und Richard Billinger erneuert, zum «Mirakel» das moderne Lustspiel; Shakespeare und Schiller zu Gozzi und Goldoni. Außer Reinhardts Schauspielern wurden erste Musiker und Sänger, meist aus Wien, wurden die bedeutendsten Dirigen-

Schloß Leopoldskron. Rechts oben: Festung Hohensalzburg

ten gewonnen: neben Reinhardts ständigen Mitarbeitern Einar Nilson und dem in Salzburg ansässigen Bernhard Paumgartner dirigierten unter anderem Richard Strauss, Franz Schalk, Bruno Walter, Clemens Krauss, Fritz Busch, Otto Klemperer, Arturo Toscanini, Hans Knappertsbusch. Neue Schauplätze wurden gefunden, 1922 gab der Reinhardt wohlgesonnene Erzbischof Ignatius Rieder die barocke Kollegienkirche frei; 1925 wurde der (durch Eduard Hütter) zum provisorischen Festspielhaus umgebaute erzbischöfliche Marstall, 1926 der daneben gelegene Stadtsaal und die in den Berggranit gehauene Felsenreitschule einbezogen. Dort – in einer von Clemens Holzmeister entworfenen Simultandekoration, die sich dem Charakter der lokalen Architektur anpaßte – führte Reinhardt 1933 Goethes «Faust» (I. Teil) auf, die letzte und wohl eine seiner bedeutendsten Salzburger Inszenierungen. Der siebenundzwanzigjährige Herbert von Karajan dirigierte die von Paumgartner komponierte Musik. Hofmannsthal hatte den «Faust» als Herzstück der Festspiele von Beginn an gewünscht, er sah in ihm «das Schauspiel aller Schauspiele, zusammengesetzt aus den theatralischen Elementen vieler Jahrhunderte, und reich genug an Sinnfälligem, Buntem und Bewegtem, um das naive Publikum ebenso zu fesseln wie den Höchstgebildeten»[132]. «Faust I» wurde bis 1937 alljährlich wiederholt. Im Sommer 1938, nach dem endgültigen Abschied, inszenierte Reinhardt das Werk in einer Holzmeisters «Faust-Stadt» ähnlichen Dekoration noch einmal auf einer Freilichtbühne in Hollywood, dem Pilgrimage Theatre. Nach Reinhardts Gang ins Exil rückte, wie ursprünglich von den ortsansässigen Initiatoren geplant, das Musiktheater eindeutig in den Vordergrund der Festspiele, und so ist es bis heute geblieben.

Einer der Umstände, welche die Entstehung der Salzburger Festspiele in ihrer spezifischen Form begünstigt hatten, war Reinhardts persönliche Zuneigung zum Ort seiner ersten schauspielerischen Erfolge. Am 16. April 1918 kaufte Max Reinhardt das nur wenige Kilometer vom Stadtzentrum entfernte Barockschloß Leopoldskron. Es wurde zur Hauptresidenz des «Theatrarchen», wie bewundernde ebenso wie hämische Stimmen Reinhardt bald nannten; während der Sommer glanzvoller Mittelpunkt einer internationalen Gesellschaft von Schauspielern und Dichtern, Malern, Musikern, Architekten, Agenten, schönen Frauen, Diplomaten, gekrönten Häuptern und Finanzaristokraten. Viele von ihnen bezeichneten Leopoldskron als Reinhardts grandioseste Inszenierung.

Von der finsteren, mittelalterlich strengen Festung Hohensalzburg überragt erweckt das Schloß mit seiner im Mitteltrakt rokokohaft aufgelockerten, dem großen Teich und seinen Baumgruppen-Inseln zugewandten hellen Fassade den Eindruck einer Theaterdekoration. Leopold Anton Graf von Firmian, einer der Fürsterzbischöfe Salzburgs, hatte es im Jahre 1736 von einem italienischen Landschaftsplaner und einem Architekten aus Regensburg erbauen lassen. Reinhardt baute die bei der Übernahme verwahrlosten Innenräume und die Umgebung des Schlosses, Park und Meierhof aus. Bis zur erzwungenen Emigration plante und entwarf, möblierte, zeichnete und sammelte er unentwegt. «Achtzehn Jahre lang hat er an dieser Inszenierung gearbeitet», berichtet die Sekretärin Gusti Adler. «Sie wuchs wie eine Pflanze und trieb bis zuletzt immer neue Blüten. So glichen die Weisungen, die er vor jeder

In der Bibliothek von Leopoldskron

Abreise zurückließ, die Briefe, die er dann noch schrieb, Regiebemerkungen. Sie waren bis ins letzte durchdacht.»[133] Manche von Reinhardts Briefen an Gusti Adler sind zwanzig, dreißig, ja bis zu vierzig Seiten lang. Solche «Regiebemerkungen» lauteten dann etwa: *Herakles (Arenbergschloß) Wie steht es damit? Ich bin unbedingt für den Ankauf. Sonst ist er eines Tages weg. Aber vielleicht kann man auch die drei weibl. Barockstatuen dazu bekommen, ohne wesentliche Erhöhung ... Es werden zunächst noch wenig Angebote vorliegen. Sollten die Figuren gekauft werden, müßte der Herakles genau in der Mitte der runden Wiese aufgestellt werden, mit dem Antlitz zum Schloß ... Von den Barockfiguren je eine links und rechts vom Durchblick auf die Wiese vor den neuen Tuillen.* (Es folgt eine Zeichnung.) Nach Überlegungen zum Ankauf von altem Spiegelglas, von Schafen, Pflanzen, Möbeln, nach Anweisungen über die Form anzufertigender Lampen, über die Kamouflierung von Telefondrähten, die Anbringung von Lichtschaltern in einer Tapete oder die Nuance der Farbgebung für eine Hundehütte folgt, fünfzehn Briefseiten später (ein Telegramm hat inzwischen den geglückten Herakles-Kauf gemeldet): *Ich habe mich riesig gefreut ... Der Herakles muß genau in der Mitte der runden Wiese auf entsprechend hohem Sockel aufgestellt werden ... Auf dem Transport muß besonders darauf gesehen werden, daß die Statue nichts von dem wundervollen Moos verliert, ebenso bei der Aufstellung ...*[134] Gusti Adler erzählt, es sei für Reinhardt die größte Freude gewesen, wenn Sammler oder Kunsthistoriker das Schloß besichtigten und Ursprüngliches nicht mehr von dem unterscheiden konnten, was er hineinkomponiert hatte.

Man hat von Reinhardt gesagt, er habe in letzter Konsequenz nichts mehr und nichts weniger als die Theatralisierung der Wirklichkeit überhaupt beabsichtigt.[135] Das ist sicher nur bedingt richtig. Nicht der Typ des Träumers oder des Phantasten, wie so oft behauptet wird, charakterisiert ihn am besten, sondern – allenfalls – der des Spielers. Spiel ist bewußtes und widerrufbares Heraustreten aus der Bindung der Wirklichkeit, sein Verhältnis zu dieser ein dialektisches. Genau diese Haltung war gemeint, wenn Reinhardt von sich sagte, er sei *ein alter Grenzjäger auf der schwankenden Linie zwischen Wirklichkeit und Traum. Mein ganzes Leben habe ich auf diesem schmalen Grenzpfad zugebracht und Güter herüber und hinüber geschmuggelt.*[136]

Leopoldskron war für Reinhardt «Fest-Spiel» par excellence. Er spielte dort auch im buchstäblichen Sinne Theater. Einmal in einem von ihm entworfenen, Park und See einbeziehenden Gartentheater Shakespeares «Was ihr wollt»; ein anderes Mal Molières «Der eingebildete Kranke» vor einem Kamin im großen Marmorsaal des Schlosses: Molièresche Dienerfiguren reichten in kerzenerleuchteten Räumen Tee und Max Pallenberg als eingebildet-kranker «Hausherr» Argan begrüßte mit einer auf jeden einzelnen Ankommenden zugeschnittenen, von Reinhardt skizzierten Rede die Gäste: *Sie kommen aus London, Mr. Cochran? Wie interessant. Ich hatte vor Jahren das Vergnügen. Es war geradezu ein Mirakel. Nur zu viel Nebel und zu viel Whisky ...*[137]

Raoul Auernheimer stellte anläßlich des Spiels im Schloß die Frage:

Hermann Thimig, Helene Thimig, Hugo Thimig, Max Reinhardt

«Warum begnügt sich dieser zweifellos große Theatermann nicht, Theater zu spielen im Theater?» und antwortet: «Was Max Reinhardt ... immer wieder anstrebt, ist ... das Theater von aller Gewerbsmäßigkeit zu befreien, ihm gleichsam seine erste Unschuld wiederzugeben. Und er tut dies, indem er es auf seinen Ursprung zurückführt. Der Ursprung des Theaters ist ... nicht das Schauspielhaus, sondern das Leben. Daran auf eine geistreiche Weise immer wieder zu erinnern, ist vielleicht die Sendung und sicher das Verdienst Reinhardts. Daher der Markt, die Arena, die Kirche und das Schloß; was ihn diese ungewöhnlichen Schauplätze bevorzugen läßt, ist ... vor allem das auch künstlerisch zu rechtfertigende Verlangen, das theatralische Kunstwerk aus seinen lebendigen Voraussetzungen abzuleiten ... Das Ungestaltete ist im Theater das Publikum, dennoch gestaltet sich nur aus ihm heraus und unter seiner tätigen Mithilfe das theatralische Kunstwerk.»[138] Reinhardt selbst bezeichnete seine Beziehung zum Verhältnis von Kunst und Wirklichkeit gern mit der Spielmetapher und dem Begriff von der *Welt des Theaters, die zwar von der wirklichen Welt Licht und Leben empfängt, aber ihre eigene Achse hat, um die sie sich dreht*[139]. Immer wieder kam er auf den Vergleich zwischen Kind und Schauspieler zu sprechen: *In den*

Das Gartentheater in Leopoldskron

Kindern spiegelt sich das Wesen des Schauspielers am reinsten wider. Ihre Aufnahmefähigkeit ist beispiellos, und der Drang zu gestalten, der sich in ihren Spielen kundgibt, ist unbezähmbar und wahrhaft schöpferisch. Sie wollen die Welt noch einmal selbst entdecken, selbst erschaffen ... Theater, idealstes Theater und vorbildliche Schauspielkunst. Und dabei das klare, immer gegenwärtige Bewußtsein, daß alles nur Spiel ist, ein Spiel, das mit heiligem Ernst gespielt wird, das Zuschauer fordert ... Dasselbe ist beim Schauspieler der Fall. Es ist ein Märchen, daß der Schauspieler je den Zuschauer vergessen könnte.[140] Mit dem unklaren Begriff «Illusionstheater» ist dieser Auffassung von Theater nicht beizukommen. Im allgemeinen wird diese Bezeichnung auf das Theater der Guckkastenbühne angewandt, wie es vor allem das 19. Jahrhundert pflegte: die Fiktion eines realistischen Abbilds der Wirklichkeit – so realistisch, daß sich der passive Zuschauer darin wiederzuerkennen glaubte. Das hat mit Reinhardts Intentionen nichts zu tun. Er schuf eine eigene, von der Alltagsrealität deutlich unterschiedene Welt im Spiel und hoffte, das Publikum zum Mitspielen zu bewegen. Hier liegt auch der Schlüssel seiner Shakespeare-Begeisterung: *Shakespeare ist der größte und ganz unvergleichliche Glücksfall des Theaters. Er war Dichter, Schauspieler und Direktor zugleich. Er malte Landschaften und baute Architekturen mit seinen Worten. Er hat es dem Schöpfer am nächsten getan.*[141] Nicht zufällig hat Reinhardt die Thematik des Welt-Theaters jahrzehntelang beschäftigt. Auf seine Anregung und in enger Zusammenarbeit mit ihm schrieb Hofmannsthal sein die Grundkonstellation von Calderóns «El gran teatro del mundo» variierendes «Salzburgisches

Welttheater» (wie der ursprüngliche Titel lautete). Die schon von Platon gebrauchte, im Barock zu einem Zentralbegriff werdende Metapher vom Menschen als einem «Spielzeug Gottes» wird darin aktualisiert und in Reinhardts Schauspiel-Metapher überführt. Es ging dabei nicht nur um die «Wiedererweckung des Barocktheaters», sondern um den prinzipiellen Erweis der zeitlosen Gültigkeit und Verwendbarkeit eines Stoffes, der, wie Hofmannsthal schreibt, «zu dem Schatz von Mythen und Allegorien» gehört, «die das Mittelalter ausgeformt und den späteren Jahrhunderten übermacht hat»[142], um den «Versuch, jenem alten traditionellen Stoff: das Welttheater, auf welchem die Menschen vor Gott ihr Lebensspiel aufführen, einen neuen Gehalt zu geben, worin der Zeitgeist zum Ausdruck käme ...»[143] Der «neue Gehalt» wurde in der Figur des Bettlers konzentriert, die für die Macht des Proletariats steht, welche die Welt des Königs, des Reichen, der Schönheit, des Bauern und der Weisheit zu zerstören droht. Die Wandlung des Bettlers im zentralen Punkt des Dramas – daß er, durch die Kraft der Weisheit, die schon erhobene Axt wieder sinken läßt – bezeichnet die angestrebte Lösung, nämlich die Einsicht, *daß der vom Bettler angedrohte Umsturz die geschmähte Weltordnung nicht ändern würde. Der Bettler stiege auf den Thron, regierte die andern mit der Macht des Königs und der König würde zum Bettler. Die Teilung wäre nicht gerechter, nicht glücklicher, sein Sitz da oben nicht sicherer vor dem Anspruch des Nächsten, dem das Spiel nicht gefiele. Das Glück wohne ebensowenig im Königsmantel wie im Bettlerkleide, es throne einzig in der Brust des Menschen ...*[144] Diese, ein Gespräch mit Hofmannsthal memorierenden Notizen Reinhardts haben Bekenntnischarakter. Zur Motivierung der Tatsache, daß der Bettler, nachdem er die bestehende Weltordnung nicht mehr prinzipiell in Frage stellt, sich dieser jedoch nicht einfügt, *also gewissermaßen aus dem Spiel flüchtet,* notierte Reinhardt: *Jedem Menschen ist ja das mitgegeben, was ihn zum Ebenbild Gottes macht: der schöpferische Drang, sich die Welt noch einmal aufzubauen. Wer das tun will, muß aber zuerst bei sich und in sich anfangen. Der Costümwechsel tut's nicht. Die Menschen selbst müßten anders werden. Er geht in die Einsamkeit, um in sich selbst einzukehren, das innere Glück zu finden, das unabhängig ist von dem Spiel der Welt, den Sinn dieses Spiels zu erfassen und zu jener höchsten Freiheit zu gelangen, von der der Meister am Anfang spricht.*[145]

Bei der Konzipierung der Rolle des Bettlers hatten Dichter und Regisseur die schauspielerische Intensität Alexander Moissis vor Augen, der die Rolle dann 1922 bei der Uraufführung des «Salzburger Großen Welttheaters» in der Kollegienkirche Fischer von Erlachs übernahm. Der faszinierten Begeisterung des Festspielpublikums standen vereinzelt heftige negative Reaktionen gegenüber. Karl Kraus erklärte in einem «Vom großen Welttheaterschwindel» überschriebenen Aufsatz, die Aufführung des «Welttheaters» in der Kollegienkirche habe ihn veranlaßt, seinen Austritt aus der katholischen Kirche zu vollziehen.

1925 inszenierte Reinhardt das Stück erneut, diesmal mit Eugen Klöpfer in der Hauptrolle. Angesichts des profaneren Rahmens – im neuerbauten Festspielhaus – wurde die Rolle des Vorwitz (der Narr, der das

Spiel witzig-weise kommentiert), ausgebaut und mit einem Komiker (Hans Moser) besetzt. Noch andere Projekte rankten sich um das Stück. Reinhardt plante Aufführungen vor der Karlskirche in Wien, Inszenierungen in New York und in einem kalifornischen Park, eine Verfilmung.

Schon vor der ersten Aufführung war vorgesehen, die plötzliche Wandlung des Bettlers in einer pantomimisch dargestellten Vision zu veranschaulichen. Hugo von Hofmannsthal notierte: «Die Pantomime soll den inneren Vorgang in der Seele des Bettlers ausdrücken ... in der Form, daß er blitzschnell in einer filmartig vorüberhastenden Bilderfolge alles vor sich sieht, was eintreten würde, wenn er in diesem Augenblick seine Gedanken zur Tat werden läßt. So wie er die Axt fallen läßt und die Weisheit niederschlägt, ist er nicht mehr allein, er hat zahllose Gefährten, Enterbte wie er, die von allen Seiten unter dem faszinierenden Läuten der Sturmglocken die Bühne überschwemmen ...»[146] Max Reinhardt brachte die Revolutionspantomime mit Büchner und Rolland

«Das Salzburger Große Welttheater» in der Kollegienkirche. Salzburg, 1922

in Verbindung, indem er die Figur des Bettlers mit den Zügen Dantons ausstattete. *Walter Huston ist der einzige Schauspieler meiner Kenntnis, der sowohl die Hauptrolle des Bettlers im Rahmenstück als die des Danton, die durch die historische Verbindung überaus schwierig ist, spielen könnte*[147], schrieb er 1937 auf die Mitteilung, daß der bekannte Filmschauspieler, den er schon ein Jahr zuvor für die Titelrolle eines «Danton»-Films ins Auge gefaßt hatte, für eine damals in Hollywood geplante Aufführung des Werks nicht verfügbar sei.

1933 setzte Reinhardt das Werk noch einmal in Szene, ohne die Pantomime. Es wurde der Abschied von Berlin, seine letzte Inszenierung auf deutschem Boden, nach Hitlers Machtergreifung ein Manifest der Gewaltlosigkeit. Am 28. Februar 1933, in der Nacht des Reichstagsbrandes, fand auf der Bühne des Deutschen Theaters die Generalprobe statt, am folgenden Tag, dem 1. März, die Premiere. Merkwürdigerweise setzte Reinhardt auf die letzte Seite seines Regiebuchs das Datum des *29. Febr. 1933.*

ENGEL

Reich ihnen, Wesen hoher Werke,
mit deiner Hand ein Etwas deiner Stärke. (1)
Verbunden euch durch goldne Gnadenkette
hier vor dem Tor sei ihres Harrens Stätte.

‹da Schönheit, die letzte in der Kette, auch dem Reichen ihre freie Hand hinstrecken will›

(2) ENGEL

Nicht ihm!

WEISHEIT (3)

Ihm nie! O sprich nicht aus das fürchterliche Wort!
Weis ihm des Wartens ~~einsam~~ -kalten finstern Ort
doch sprich kein Nie!

ENGEL

‹~~die Antwort vermeidend~~›

Hinauf! Vor Meisters Angesicht!
Bereitet euch auf ungeheures Licht.

‹er tritt ihnen voran, alle folgen. Aus dem Palast treten fahnenschwenkende Engel. Engel schreitet hinein, Bettler und Weisheit folgen. Schönheit, König und Bauer knien seitlich dem Eingang, der Reiche tiefer unten, im Dunkel. Musik und Gesang.›

Halleluja

Berlin, 29. Feb. 33.

73

Die letzte Seite aus dem Regiebuch zum «Salzburger Großen Welttheater»

Acht Tage nach der Premiere des «Großen Welttheaters» verließ Reinhardt Berlin; Anfang April meldeten die Zeitungen, er sei aus seinen Berliner Theatern «ausgeschieden». Die Naziregierung schickte ihm noch den Schauspieler Werner Krauß, der sich mit Hitler arrangiert hatte, nach Leopoldskron nach, mit dem Auftrag, Reinhardt die «Ehrenarierschaft» anzubieten. Die Ablehnung hatte zur Folge, daß nach der Enteignung des Berliner Besitzes – außer dem Deutschen Theater und den Kammerspielen gehörten Reinhardt Anteile am Großen Schauspielhaus – auch Leopoldskron mit Hypotheken belastet wurde: das Hitler-Regime ließ fingierte Steuerschulden Reinhardts durch die österreichische Regierung eintreiben. Schon im Jahr vor der Machtübernahme durch die Nationalsozialisten war die Lage seiner Bühnen durch immer höher werdende Steuerforderungen prekär geworden; Reinhardt hatte die Theater 1932 an Rudolf Beer und Karlheinz Martin verpachtet und gleichzeitig erklärt: *Mein Entschluß wurzelt ... in einer tiefen und mehr und mehr unüberwindlich gewordenen Abneigung gegen das Unternehmertum. Am Anfang war es ein notwendiges Übel, weil kein anderer das unternommen hatte, was ich machen wollte. Aber ich hatte nie Eignung, noch Neigung für die Geschäfte des Theaters ...*[148] Kurz vor der Machtergreifung, im Januar 1933 übernahmen Carl Ludwig Achaz-Duisberg und Heinrich Neft die Leitung der Bühnen; Eduard von Winterstein rief zur Gründung einer Notgemeinschaft für das Deutsche Theater auf. Mit seiner Einsicht, ... *die Zeit, derartige Institutionen privat durchzuführen, ist vorbei. Es wird in Zukunft bestimmt auch nicht mehr möglich sein, ohne staatliche Sicherstellung ein künstlerisches Unternehmen zu führen*[149], sollte Reinhardt Recht behalten.

Mit relativ neutralem Kurs führte schließlich Heinz Hilpert, der schon seit 1923 als Regisseur an den Reinhardt-Bühnen tätig war, Reinhardts Theater, nach 1938 auch das Wiener Theater in der Josefstadt (das Goebbels als «KZ auf Urlaub» bezeichnete) im Auftrag der Regierung durch die Zeit des Faschismus. Im Oktober 1933 schrieb Reinhardt ihm aus Venedig: *Ein alter Theatermann kennt das Schwanken von seinen Brettern her und weiß, daß es kein Leben ohne Auf und Nieder gibt. Er wundert sich auch nicht, daß die meisten Menschen sich dabei verfärben, umso froher grüßt er den Kameraden, der fest auf seinen Beinen steht, den Sturm nicht fürchtet, sondern ihn beherrscht.*[150] Am 16. Juni 1933 schickte Reinhardt einen ausführlicheren Brief nach Deutschland: an die nationalsozialistische Regierung. In diesem erstaunlichen, sein Lebenswerk darstellenden Dokument (das übrigens nie eine Reaktion hervorrief) erklärte er den materiellen und ideellen Wert seiner Berliner Bühnen als *zum Nationalvermögen Deutschlands*[151] gehörig. Es ist ein Schlußstrich – diktiert von der verzweifelten Hoffnung auf Kontinuität im künstlerischen Bereich und, wohl auch, auf die Rettung des österreichischen Besitzes. Der Brief wurde in Oxford geschrieben, wo Reinhardt auf Einladung der Universität den «Sommernachtstraum» inszenierte und seinen dritten (nach Kiel und Frankfurt) Dr. h. c. entgegennahm.

Gastspiele und Gastinszenierungen wurden nun zur absoluten Notwendigkeit. Das Berliner Ensemble war in alle Winde zerstreut. Reinhardt folgte Einladungen nach Venedig, Florenz, Mailand und Paris und erlebte noch einmal glänzende Höhepunkte; eine mit Schauspielern des Josefstädter Theaters 1934 hastig zusammengestellte Tournee durch die Schweiz und Italien («Maria Stuart», «Sechs Personen suchen einen Autor») wurde allerdings zum Fiasko. Reinhardt machte hier – wie später in den USA – zum erstenmal die Erfahrung, daß der unfreiwillige Emigrant nicht so gern gesehen wurde wie einst der triumphierende Gast.

Die Bedrohung Österreichs durch Hitler war greifbar. Reinhardt spürte sie spätestens, als 1935 Zeitungsmeldungen ankündigten, Leopoldskron werde versteigert. Annette Kolb hat die gedrückte Stimmung der letzten Salzburger Festspielsommer vor der Annexion geschildert. 1936 ging sie, wie sie schreibt, «Reinhardts in Leopoldskron zu begrüßen, die sich schon wieder hart vor der Abreise befanden, in Gedanken halb zu Schiffe . . . Und die Fabeltiere waren tot. Keines warf mehr die schier immateriellen Füßchen gefallsüchtig ins Leere. Verlassen ihr Revier. Man begab sich nicht mehr in diese Gegend des Parkes.»[152] Am 5. Oktober 1937 hatte Reinhardts letzte Inszenierung auf europäischem Boden im Theater in der Josefstadt Premiere. Franz Werfels Drama «In einer Nacht» wurde uraufgeführt. Wenige Tage danach überquerte Reinhardt zum letztenmal den Atlantik.

Schon Jahre zuvor hatte er große, berechtigte Hoffnungen auf Amerika gesetzt, wo er kein Unbekannter mehr war. Darin unterschied sich seine Situation von derjenigen der meisten anderen Hitler-Emigranten. Das «Sumurûn»-Gastspiel von 1912 hatte am Broadway Furore gemacht. Vor allem rief damals die Stilisierung von Szene und Darstellungsweise Bewunderung hervor; die progressivsten Vertreter des amerikanischen Theaters (etwa David Belasco) waren gerade beim fotografisch-realistischen Stil im Sinne der Meininger angelangt. Das Interesse, mehr derartiges zu sehen, führte zur Gründung einer American Miracle Company, die Reinhardts «Mirakel»-Inszenierung durch die USA reisen lassen sollte, und, ebenfalls schon 1913, zu Verhandlungen über die Übernahme bzw. den Bau eines Theaters durch Reinhardt in New York. Reinhardt dachte daran, dort *ein Festspielhaus von höchster Einfachheit* zu erbauen und erklärte dem Bankier Otto H. Kahn, der die Finanzierung in Aussicht stellte: *Es unterliegt keinem Zweifel, daß Amerika wie kein anderes Land der geeignete Boden für die neue große Theaterform zu sein scheint. Amerika ist reif für dieses Projekt: es hat auf allen Gebieten des praktischen Kulturlebens Europa eingeholt . . . es hat Maler von Weltruf . . . Es besitzt sogar die erste Oper der Welt. – Sollte es gerade auf dem Gebiete des Theaters hinter den Leistungen der andern und seinen eigenen Leistungen auf anderen Gebieten zurückstehen?*[153] Reinhardts Überzeugung, in Amerika sei *Großartiges* möglich, festigte sich in späteren Jahren, als er selbst in die USA reiste. Allerdings verstand er es auch besser als andere, *Großartiges* zu provozieren und die Mittel dafür zu finden: 1934 drehte er den bis dahin teuersten Hollywood-Film; 1924 und 1937 stammten die bis dahin aufwendigsten Broadway-Pro-

Reinhardt-Theater, New York. Projekt von Joseph Urban, 1928

duktionen von ihm. Die Theaterpläne von 1913 gediehen bis zu folgender Konzeption: *Praktisch würde sich die Sache so gestalten, daß ich die vielen Gastspiele, die das Deutsche Theater alljährlich ... zu veranstalten pflegt, opfere, indem ich sie beträchtlich reduzieren oder ganz aufgeben würde, um meine Tätigkeit im wesentlichen auf Berlin und Newyork zu beschränken. Ich müßte mich so einrichten, daß ich zu Beginn jeder Saison 6 bis 8 Wochen in Newyork ein oder zwei Stücke vorbereite ... Ein ständiger Stellvertreter, der mit allen meinen Intentionen vollständig vertraut ist und unausgesetzt in Verbindung mit mir stünde, würde das ganze Jahr hindurch das Newyorker Theater künstlerisch verwalten.*[154] Diese frühen Projekte kamen nicht zur Ausführung, wenn nicht aus anderen Gründen, dann jedenfalls durch den Ausbruch des Ersten Weltkriegs. Utopisch waren sie nicht; das beweist die Tatsache, daß 1928 ein von Kahn geplantes «Max Reinhardt Theatre» in New York bis zu detaillierten Bauplänen reifte.

Hollywood Bowl und Pilgrimage Theatre, Hollywood

Max Reinhardts direkter und indirekter Einfluß auf die Entwicklung des Theaters in den USA ist von amerikanischen Beurteilern oft betont worden. «The Reinhardt Machine» wurde zum Sammelbegriff für alles, was das europäische Theater dem amerikanischen voraushatte, besonders für seine Effektivität als Kulturfaktor. Man versuchte, sich diese Qualität durch Importe anzueignen. Als Reinhardt im Winter 1923 von dem genialen jungen New Yorker Bühnenbildner und Architekten Norman Bel Geddes den Innenraum des an der Westseite des Central Park gelegenen Century Theatre zu dem einer gotischen Kathedrale umbauen ließ, um dort «Das Mirakel» zu inszenieren, wurde das Ergebnis als ein Höhepunkt des *amerikanischen* Theaters gefeiert. «Ein großer Abend für das amerikanische Theater. Jedenfalls hat er bewiesen, daß wir noch immer Großartiges auf bessere Weise realisieren können als irgendeiner unserer schwächeren Konkurrenten»[155], meinte ein New Yorker Kritiker. «Das Mirakel» trug Reinhardts Ruhm jahrelang durch die USA. Nach 298 ausverkauften Vorstellungen in New York folgten, bis zum Frühjahr 1927, Aufführungen in Cleveland, Cincinnati, Boston, St. Louis, Chicago, Philadelphia, Kansas City, San Francisco und Los Angeles und 1929 weitere in anderen Städten. Im Winter 1927/28 fand in New York ein dreimonatiges deutschsprachiges Ensemblegastspiel des Deutschen Theaters mit Reinhardts Inszenierungen von «Sommernachtstraum», «Jedermann», «Dantons Tod», «Kabale und Liebe», «Peripherie», «Diener zweier Herren», «Der lebende Leichnam» und «Gespenster» statt. Reinhardts amerikanische Zukunft schien gesichert, er verbrachte nun, voller Enthusiasmus, fast jedes Jahr einige Monate in den USA. Als er im Dezember 1926 erstmals den Kontinent durchquerte, schrieb er aus der Bahn an Helene Thimig: *Alles ist hier ungeheuerlich: die Entfernungen, die Häuser, die Schönheit, das Geld, die Früchte ...*[156] Und nach der Ankunft in San Francisco: *Die Welt ist so unendlich reich, so unentdeckt und das Leben so erbarmungslos kurz ...*[157]

Reinhardt war auf Drängen des «Mirakel»-Produzenten Morris Gest zur kalifornischen Premiere der Pantomime gekommen. Damals wurden Kontakte mit den Filmstudios geknüpft, Reinhardt lernte in Hollywood Lillian Gish kennen. Nach einer Besichtigung der beiden in eine Talmulde der Hügel, die Los Angeles vom Nordosten her umringen, eingebetteten Freilichttheater entstand der Plan, kalifornische Festspiele zu veranstalten. Sieben Jahre später konnte Reinhardt die California State Chamber of Commerce dafür interessieren und 1934 an die Inszenierung des «Sommernachtstraums» in der Hollywood Bowl gehen, 1938 im gegenüberliegenden Pilgrimage Theatre den «Faust» inszenieren.

Das Gelingen dieses Festspielplans ermutigte zu Zukunftsvisionen phantastischen Ausmaßes. Aus Yosemite National Park, einem der Naturwunder Kaliforniens in den Bergen südwestlich von San Francisco, schrieb Reinhardt im Herbst 1934: *Das Spiel der Elfen am Fluß, der Nebel auf der Wasserfläche, das Auftauchen der Gestalten vom Wasser her ... die großen Möglichkeiten, die sich für Puck auf dem Wasser ... ergeben und schließlich die Dekoration und Beleuchtung des Wassers für den letzten Akt ... das alles würde ein ganz großes und neues Plus bedeuten. Wir würden dann also d r e i ganz verschiedene landschaftlich ungewöhnlich reizvolle «Sommernachtsträume» haben und – a n k ü n d i g e n. Der in Yosemite am Wasser, zwischen hohen Felsen mit Fackeln in der Höhe und mit dem Feuerfall. Der Sommernachtstraum in der Bowl und der in Berkeley mit dem unvergleichlichen letzten Akt im griechischen Theater! Hier in Yosemite müßten auch die überraschend zahmen Rehe mitwirken.* Auch die praktischen Wirkungsmöglichkeiten wurden bedacht: *Wichtig ist, daß auch (der Zeit entsprechend) viele billige Plätze da sind. Denn wir haben gesehen, daß wir gerade die M a s s e n für uns haben – und was sehr wichtig ist – auch die Jugend ... Es muß so weit kommen, daß wir einen ähnlichen Andrang haben wie die großen sportlichen Veranstaltungen! ... es könnte zweifellos hier etwas entstehen, was dem alten Griechenland gleichkommt, wo nicht nur die Olympischen Spiele, sondern auch die antiken Schauspiele Gemeingut des ganzen Volkes waren! ... In dem armen, bankrotten Österreich, in dem spießbürgerlichen Froschteich*

Salzburgs haben die Leute, so schwer es war, schließlich noch immer die Mittel aufgebracht. Hier sind sie reich und das Volk ist nach höheren Dingen ausgehungert.[158] Immer wieder entwickelte Reinhardt solche Projekte. 1937: *Ich beabsichtige in Hollywood ein californisches Salzburg aufzubauen, in welchem alljährlich während einer großen Frühjahrs-Season ... Festspiele stattfinden sollen.*[159] Unter solchen Perspektiven dachte Reinhardt an eine definitive Übersiedlung in die USA und bemühte sich schon 1934 um die amerikanische Staatsbürgerschaft. *Es ist die einzige Auszeichnung, die Amerika zu vergeben hat und sie würde unter den heutigen Umständen alles für mich bedeuten und mich veranlassen, meinen dauernden Wohnsitz hierher zu verlegen.*[160] (Die Einbürgerung erfolgte erst 1940.)

Der Gang ins Exil trug anfangs noch spektakuläre Züge. Während Reinhardt im Herbst 1933, im Pariser Théâtre Pigalle, «Die Fledermaus» vorbereitete, erreichte ihn die Anfrage eines Zionisten und Theaterenthusiasten, Meyer Weisgal (des späteren Gründers des Weizman Institute in Rehovot), ob er bereit sei, in New York ein großes jüdisches Schauspiel zu inszenieren, eine Art jüdische «Antwort auf Hitler».[161] Weisgal hatte, als er von Reinhardts Vertreibung aus Berlin gehört hatte, an diesen telegrafiert: «If Hitler doesn't want you, I'll take you.»[162] Reinhardt zögerte. Zwar hatte er sich zeitlebens zum Judentum bekannt, jedoch lag ihm jede, auch im positivsten Sinn, agitatorische Tätigkeit fern. Dennoch wandte er sich an den Freund Richard Beer-Hofmann, der bereits mehrere Dramen spezifisch jüdischer bzw. biblischer Thematik verfaßt hatte. Beer-Hofmann empfand jedoch ähnlich wie Reinhardt. Schließlich schrieb Franz Werfel das Drama «Der Weg der Verheißung» («Eternal Road»). Er vollendete das Stück im Sommer 1934; Kurt Weill komponierte die Musik, denn es war an «totales Theater» gedacht. Meyer Weisgal, Gottfried Reinhardt und Harry Horner (Schauspieler bei Reinhardt in Wien und Salzburg und Bühnenbild-Assistent für «Eternal Road»[163]) haben die Schwierigkeiten geschildert, die es zu überwinden galt, bevor die Aufführung schließlich, im Januar 1937, realisiert werden konnte. Die Finanzierung des gigantischen Projekts schien zeitweise aussichtslos; 1935 starb der Bühnenbildner Oskar Strnad, der schon ein die Bundeslade symbolisierendes Riesenzelt entworfen hatte, in dem das Drama zuerst im Central Park gespielt werden und dann um die Welt reisen sollte; als schließlich Norman Bel Geddes ein leerstehendes Theater, das Manhattan Opera House, von Grund aus umbaute, stieß man auf den Granit Manhattans und schließlich auf Wasser, das den Zuschauerraum überschwemmte. «Eternal Road» stellt die Geschehnisse des Alten Testaments in den Rahmen einer Darstellung jüdischen Schicksals. «Dieses Bibelspiel ereignet sich», nach Werfels Worten, «unter einer zeitlosen Gemeinde Israel in einer zeitlosen Nacht der Verfolgung.»[164] Die Bibellesung eines Rabbiners evoziert Visionen der biblischen Geschehnisse, die mit Hilfe von Lichteffekten auf der Simultanbühne eingeblendet werden. Zum Schluß ziehen die Gestalten der Bibel gemeinsam mit der «zeitlosen» Gemeinde den «Weg der Verheißung» hinauf, der Sendung und Hoffnung des Volkes der Bibel symbolisiert. – Die Aufführung im Manhattan Opera House mußte trotz

Mit Marlene Dietrich und Norma Shearer. Hollywood, 1934

ausverkaufter Häuser nach relativ kurzer Zeit abgesetzt werden, weil von den Einnahmen die Miete und das riesige Ensemble nicht bezahlt werden konnten.

Um die Mitte der dreißiger Jahre bahnte sich eine tiefgreifende Wandlung in den USA an, die auch Reinhardt zu spüren bekam. Der große Theatermäzen Otto H. Kahn starb 1934. Allgemein verschlechterte sich die Wirtschaftslage, und der Hang vieler Amerikaner zum *Großartigen* erfuhr eine Dämpfung. Reinhardts spektakuläre Unternehmungen fanden nicht mehr die ungeteilte Zustimmung von früher. Schon der «Sommernachtstraum»-Film von 1935 konnte die Erfolgserwartungen von Warner Brothers nicht annähernd erfüllen. Spätestens 1938 machte der nun fünfundsechzigjährige Reinhardt die Erfahrung, daß er entmachtet war, allenfalls noch geduldet: als er in New York ein Stück inszenierte, das Thornton Wilder für ihn geschrieben hatte («The Merchant of Yonkers»), wurde er vom Produzenten (und Geldgeber) wie ein weisungsgebundener Angestellter traktiert ... *ich muß meine Zeit pünktlich absitzen. Shumlin wäre erbost, wenn ich nicht hier wäre.*[165] – *Mein Herz ist schwer. Ich bin sehr allein. Aber ich habe keinen Optimismus und vor allem keine Zeit, das Alleinsein zu genießen. Und ich wäre auch zu müde dazu.*[166] Materielle Not kam hinzu.

Nachdem der Rückweg nach Österreich versperrt war, stellte sich Reinhardt endgültig auf eine amerikanische Zukunft ein, notgedrungen von bescheideneren Vorstellungen ausgehend. Er hatte begriffen, daß Gastspiele nicht mehr möglich waren – er war kein Gast mehr, und die Einladungen zum Spiel blieben aus. Noch immer war er der (1934 ausgesprochenen) Ansicht: *Ich habe es immer für einen großen Irrtum gehalten ... den Massen nur den flachen Kitsch zu bieten. Gerade das Beste ist für sie gut genug ... Man muß ihnen auch die geistigen Güter erschließen und man wird ein stärkeres Echo bei ihnen finden als bei den abgestumpften Leuten im Parkett.*[167] Aber die Voraussetzungen zur Verwirklichung eines solchen Programms sahen nun anders aus. Reinhardt entschloß sich, an der Basis zu beginnen, mit der Ausbildung von Schauspielern und dem Versuch, von dieser Basis aus dem amerikanischen Theatersystem – Serienspiel, unzusammenhängende, für jede Produktion neu zusammengewürfelte Ensembles, Starkult, absolute Abhängigkeit der Künstler von den Geldgebern – eine Alternative zu bieten. *Es ist schwer zu begreifen, daß das schlechteste aller Theatersysteme ... das Star-System mit seinen vor-revolutionären Privilegien, in einem solch demokratischen Land immer noch an der Macht ist ... die allmächtigen Produzenten, deren (keineswegs nur finanzielle) Meriten ich nicht bestreiten möchte, machen aus dem Theater*s p i e l *ein freudloses Geschäft.*[168] Schon lange bevor eine systematische pädagogische Tätigkeit Reinhardts in den USA zur Debatte stand, hatte ihn das Talent junger amerikanischer Darsteller Möglichkeiten wittern lassen: *New York ist eine fabelhafte Theaterstadt, es hat ein wundervolles Publikum. Und ich glaube auch an die Zukunft des amerikanischen Theaters, denn dort bereitet sich etwas Neues vor, was mit der körperlichen Begabung des Amerikaners zusammenhängt. Der amerikanische Schauspieler ist von Haus aus tänzerisch begabt und gebildet, es ist erstaun-*

lich, wie viele originelle Tanzkräfte die kleinste musikalische Komödie ausspielen kann.[169]

Im Sommer 1938 mietete Reinhardt ein der Rundfunkgesellschaft Columbia Broadcasting System gehörendes Gebäude in Hollywood, 5939 Sunset Boulevard, und eröffnete seinen «Max Reinhardt Workshop for Stage, Screen and Radio», eine Schule, die einer kompletten Theater- und Filmakademie gleichkommen sollte: Sprechtechnik und Gesang, Schauspiel-, Tanz- und Fechtunterricht sollte gegeben werden sowie Kurse in Ausstattungs- und Kostümwesen, Bühnenmalerei, Beleuchtungstechnik, Maskenbildnerei und Schminktechnik, Regiekurse, Anleitung in Dramaturgie, Bühnenverwaltung, Radiotechnik und Programmdirektion und in allen den Film betreffenden Bereichen, theatergeschichtliche Vorlesungen und «play-writing for stage and screen». Nur ausübende Künstler und Praktiker unterrichteten, vor allem Max Reinhardt selbst, Helene Thimig und der ebenfalls emigrierte Reinhardt-Schauspieler Rudolf Amendt. Ernst Haeusserman und Gert von Gontard fungierten als Assistenten. Die Nähe der Filmstudios erwies sich in verschiedener Hinsicht als günstig. Einerseits wurden dort Lehrer

Bei einer Probe zu «Eternal Road». New York, 1936

gewonnen, andererseits war die Aussicht, «entdeckt» zu werden, für die Schüler attraktiv. Außerdem verpflichteten sich einige Studios, Stipendien zu geben. In der Praxis zeigte sich allerdings bald die Kehrseite: die versprochenen Stipendien blieben oft aus, und die besten Studenten wanderten so schnell zum Film ab, daß die Entstehung eines permanenten Ensembles, die Reinhardt vorschwebte, gefährdet wurde. Dennoch verwirklichte Reinhardt im kleinen, was er als die große Aufgabe für das amerikanische Theater ansah: ein Repertoire und ein Ensemble zu bilden. Diese beiden Zentralbegriffe von Reinhardts Arbeit waren hier noch so gut wie unbekannt. Im Workshop konnten sie ansatzweise erfüllt werden. Eines der pädagogischen Grundprinzipien war die Arbeit an verschiedenen Stücken auf der Bühne und womöglich vor einem Publikum. Im August 1938, zwei Monate nach der Eröffnung der Schule, fand die erste öffentliche Vorstellung statt: Maeterlincks «Schwester Beatrix» (die Vorlage zu Vollmoellers «Mirakel»). Die Reihe der in der Folge aufgeführten Szenen und Stücke zeigt, daß Reinhardt die Vielfalt seines europäischen Repertoires beizubehalten gedachte und zugleich begierig nach Neuem war. Neben Szenen aus «Faust» und aus Shakespeare-Dramen, Stücken von Goldoni, Tolstoj, Hofmannsthal, Schnitzler, Molnár, Amiel, Pirandello, Cocteau wurde die zeitgenössische angloamerikanische Dramatik erprobt und gepflegt: Eugene O'Neill, William Somerset Maugham, Thornton Wilder (der den Workshop beratend unterstützte), Noël Coward, Sam N. Behrman. Diese Autoren waren vornehmlich Helene Thimigs Domäne. Sie hatte sich – auch sprachlich – leichter akklimatisiert als Reinhardt. Reinhardt konzentrierte sich mit den besten unter den Schülern auf die Inszenierung von Dramen, die ihm von Berlin und Wien vertraut waren; in langer, nächtlicher Arbeit stellte er neue Fassungen und Regiebücher her. «Jedermann» beispielsweise wurde im Frühjahr 1940 in einer aktualisierten Fassung in modernen Kostümen gespielt; Reinhardt erwog sogar Aufführungen des Stücks mit Negern in Harlem oder New Orleans. Der Grundgedanke bei diesen Unternehmungen blieb die Institutionalisierung eines «legitimen» Theaters europäischen Stils. Musteraufführungen außerhalb des Workshop sollten diese Idee propagieren helfen, so im Februar 1939 ein Gastspiel (mit «Schwester Beatrix» – Helene Thimig in der Hauptrolle) im dreihundert Kilometer nördlich von Los Angeles gelegenen Santa Barbara; Anfang 1940 mehrere Vorstellungen in San Francisco, kurz danach eine Aufführung von Maughams «Too Many Husbands», an der sowohl Schüler wie professionelle Schauspieler teilnahmen, im Belasco Theatre, einem größeren Haus im Zentrum von Los Angeles. Der Bau eines Theaters in Hollywood wurde geplant, ein Bauplatz gesucht. Reinhardt erkannte allerdings bald, daß in Los Angeles Theater (im Gegensatz zum Film) auf längere Sicht keine Erfolgschancen hatte. *In einer Stadt, in der die Fläche dominiert (die Fläche der Leinwand, die durch Chaplin, Disney und einige Andere zweifellos künstlerisch belebt wurde), kann man gerechterweise nicht die Entwicklung der dreidimensionalen Kunst des Theaters erwarten. Es ist hier angenehmer, freier und beschaulicher zu leben, als zur Zeit irgendwo anders in der Welt. Aber in diesem weiten Continent gibt es, wie Sie wissen, überhaupt nur eine einzige Straße, in der das legitime Leben des Theaters wirklich pulsiert: der Broadway in New York.*[170]

Von nun an – 1940 – richteten sich seine Gedanken immer mehr nach New York. Utopische Gedanken: er stellte sich New York als Zentrum seiner Tätigkeit vor. Ein Repertoiretheater sollte nun dort aufgebaut werden, der Workshop, soweit seine Arbeit das Theater betraf, nach New York verlegt werden; dazu Los Angeles als Dependance, mit dem Hollywood Workshop als Schule für Film und Rundfunk; als drittes die kalifornischen Festspiele – eine Replik der Konstellation Berlin–Salzburg–Wien. Fast immer hatte Reinhardt seine Vorstellungen verwirklichen können, erst in den letzten Jahren seines Lebens blieben sie tatsächlich Utopien. Dieses Scheitern hatte, neben einer prinzipiellen Fehleinschätzung der veränderten Situation, oft die banalsten Ursachen. 1940 sollte eine Gruppe des Workshop mit drei Aufführungen durch die Staaten reisen, in der Hoffnung auf einen triumphalen Empfang in New York. Schon nach wenigen Abenden in San Francisco, der ersten Station, scheiterte die Tournee an einer Betrugsaffäre; der Manager des Gastspiels entwich mit dem eingenommenen und vorausinvestierten Geld. Andere, äußere Schwierigkeiten gefährdeten neuerlich den Bestand des Workshop. Das CBS-Gebäude stand nicht mehr zur Verfügung, ein Freimaurertempel mußte gemietet werden; 1941 wurde in den nun als «Max Reinhardt Theatre» bezeichneten ehemaligen Räumen einer Laienspielschule für Armeeangehörige geprobt und gespielt. Reinhardt hatte sich zu diesem Zeitpunkt, resignierend, nach und nach immer mehr zurückgezogen. Helene Thimig blieb der Hauptanteil der praktischen Arbeit überlassen. Noch einmal inszenierte er, im Juni 1941, Szenen von Shakespeare. Einen Einblick in die verzweifelte Situation gibt ein Brief, den Reinhardt auf die Mitteilung, daß weitere Vorstellungen der Shakespeare-Szenen nicht möglich seien, an einen der beiden Geschäftsführer des Workshop adressierte: *Die Kinder, die zu ihrem Unglück unter meinem Namen studieren und auftreten, bestehen auf einer Vereinbarung, die Sie getroffen haben, ohne mich es vorher wissen zu lassen. Ich will nicht davon reden, daß ... die größtenteils vorzügliche Wiedergabe der Rollen durch die Studenten einige wenige Wiederholungen im Juli verdienen und vielleicht sogar rechtfertigen würde ... Damit würden Miss D'Armand, Miss Mayo, Miss Munro, Miss Long, Miss Kaufman und die kleine Merrill Rodin ihr wohlbegründetes Recht verlieren, in diesen Abschlußvorstellungen in wichtigen Szenen gesehen zu werden ... Für die kleine Merrill ... zum Beispiel wäre das schlicht eine Tragödie. Aber ich sehe darin auch eine Tragödie für die ganze Schule in diesem wichtigsten Augenblick! Sie wissen selbst am besten, wie schlecht die Geschäftslage des Workshop ist. Sie wissen auch, daß ich, meine Frau und meine Söhne davon am härtesten getroffen werden. Aber daß schließlich auch noch das künstlerische Resultat (das einzig positive) geopfert werden sollte, erscheint mir einfach unerträglich. Gestern konnte ich Sie den ganzen Tag nicht erreichen. Da keinerlei Aufschub mehr möglich ist, wiederhole ich brieflich meine Erwartung, die ich Ihnen vorgestern persönlich ausdrückte, daß Sie einen Weg finden, unsere Verpflichtungen gegenüber den Stu-*

Max Reinhardt Workshop

PRESENTS

SHAKESPEARE'S

WOMEN, CLOWNS AND SONGS

Scenes from
TRAGEDIES AND COMEDIES

Directed by
MAX REINHARDT

Musical Interludes and Songs by
ERICH WOLFGANG KORNGOLD

MUSICAL DIRECTION: E. W. KORNGOLD, PIANO

Violin: GRISHA GOLUBOFF

SARI SCOTT, Assistant to MAX REINHARDT

AT THE

MAX REINHARDT THEATRE

6040 WILSHIRE BLVD. •• WILSHIRE AT FAIRFAX

•

WEDNESDAY, JULY 2nd . . . THURSDAY, JULY 3rd

CURTAIN 8:15

Programm des Max Reinhardt Workshop, 1941

denten zu erfüllen und das künstlerische Resultat zu erhalten und damit vielleicht die Schule zu retten.[171] Noch eine Weile wurde die Workshop-Arbeit fortgesetzt; im Herbst 1942 erfolgte die Übergabe der Schule an einen Nachfolger, ohne daß Reinhardts Hoffnungen erfüllt worden wären. Seine Schüler berichten begeistert von ihm; die Freude an der Arbeit teilte er mit ihnen. Einige sind noch heute bei Film und Fernsehen tätig.

Dem Fiasko des Workshop folgte eine von immer drückender werdender materieller Bedrängnis begleitete Zeit des Wartens auf neue Arbeitsmöglichkeiten. *Ich bin schon einmal in meiner Jugend durch die Martern der plötzlichen Verarmung in meinem Elternhaus gegangen, die unvergleichlich viel schlimmer ist, als Armut. Aber ich begann bald darauf meine Bühnenlaufbahn ...*[172], schrieb Reinhardt damals. Er war auf finanzielle Unterstützung angewiesen. Während dieser Zeit entstanden in zahlreichen, immer wieder abgeänderten Ansätzen die Fragmente zu einer Autobiographie. Freunde hatten ihn aufgefordert, über sein Leben zu schreiben.

Bertolt Brecht, den die Emigration 1940 ebenfalls nach Kalifornien verschlagen hatte, notierte am 15. Mai 1942: «einen dieser tage zum lunch bei max reinhardt mit feuchtwanger. er residiert in einer großen villa am meer, ausgefüllt mit seinen berliner möbeln und kunstgegenständen. der alte zauberer, klein, fest auf seinen beinen stehend, abgeblaßt wie eine mit dem löschblatt behandelte tuschzeichnung ... immer

Mit Helene Thimig, Corona del Mar

noch die zunge genießerisch in der backe, die thimig, ein müder abgearbeiteter todesengel.»[173] Tatsächlich wohnte Reinhardt noch fürstlich. Zeit seines Lebens hatte er den größten Wert auf schöne Wohnungen gelegt. Seine letzte Berliner Wohnung war das Gartenhaus von Schloß Bellevue. In Los Angeles bewohnte er bis 1940 ein Haus auf dem Gipfel eines der Hügel von North Hollywood, von dem aus man die Riesenstadt in ihrer ganzen Breite überblickte. Als er es aufgeben mußte, mietete er ein Haus in Santa Monica, direkt über dem Pazifischen Ozean, einige hundert Meter über der Küste. Daß Reinhardt auf Kredit lebte und von Almosen (Erich Wolfgang Korngold, der als Filmmusiker Karriere gemacht hatte, war einer der großzügigsten Helfer), daß er im Begriff stand, Möbel zu verkaufen, als er ihn dort besuchte, wußte Brecht nicht – und Reinhardt hätte es nicht zugegeben. Man besprach das Projekt einer Inszenierung von Brechts Szenen «Furcht und Elend des Dritten Reiches» durch Reinhardt am Broadway.

Wenige Tage nach Brechts Besuch reiste Reinhardt nach New York. Er verbrachte, auf der Suche nach der Möglichkeit, Stücke zu inszenieren, sein letztes Lebensjahr in einem Hotel. Immerhin konnte er hier neue Aktivitäten entfalten, es gab Gesprächspartner, die an Theaterdingen interessiert waren. *Man kann wahrscheinlich hier noch härter verzweifelt sein, wenn alles schief geht ... aber man kann gewiß nicht so leicht versinken in eine weiche, schläfrige Hoffnungslosigkeit, die in Hollywood alle Arme nach einem ausstreckt und einen in dieser Umarmung jahrelang festhält ...*[174], schrieb er nach seiner Ankunft. Noch einmal schien die Verwirklichung eines Repertoiretheaters in greifbare Nähe gerückt; eine Produktionsgesellschaft stand kurz vor der Gründung, als einer der «angels» (Mäzene) sich zurückzog. Schließlich wurde Reinhardt im Herbst 1942 zu einer von seinem ehemaligen Assistenten Felix Weissberger (alias Brentano) initiierten Aufführung der Reinhardtschen «Fledermaus»-Version als Berater und Regisseur geholt; im Mai 1943 inszenierte er ein Antikriegsstück, «Sons and Soldiers», des jungen Irwin Shaw. Die Inszenierung wurde nach wenigen Wochen auf Betreiben der die Finanzierung tragenden Filmgesellschaft abgesetzt. Immerhin konnte Reinhardt von den Einnahmen leben, wenn auch schlecht; Helene Thimig, die in Hollywood geblieben war, verdiente durch die Übernahme kleiner Filmrollen dazu. Die Suche nach Arbeit ging weiter. Der Sohn Gottfried versuchte, Interessenten für eine New Yorker Inszenierung der «Schönen Helena» durch seinen Vater zu finden. Als dies gelang, war es zu spät.

Im Sommer 1943 wurde Reinhardt von einem offenbar ahnungslosen Bekannten um Geld gebeten. Seine sarkastische Reaktion ist von der Bitterkeit der Situation gezeichnet: *Ich? Ich könnte nur lachen. Aber mein Zwerchfell tut nicht mehr mit. Schon drüben habe ich alles, was mein geliebter Bruder aufsparte, in schöne Sachen verpulvert. Das war unpraktisch aber herrlich. Es tut mir nicht leid. Die schönen Sachen sind beim Teufel. Er hat sie gestohlen in den Jahren des Heils. Er berief sich dabei nur auf seine Großmutter (die schon ungeduldig auf ihn und seine Mitbringsel da unten wartet). Wenn ich mir meine Großmutter hätte aussuchen können, ich hätte gewiß nicht die unselige Schickelgruberin,*

Um 1940

sondern die alte gute gescheite Jüdin ausgesucht die Gott mir beschieden hat, und die mir Gott sei Dank beschieden war. Und so ist mir recht geschehen. Und die deutschen Professoren, seit jeher vom Teufel besessen, haben hurtig das Recht gefingert. Ich bin wie meine Vorfahren trockenen Fußes durchs Meer in die Wüste gewandert und habe sieben magere Jahre in Hollywood verbracht. Dort erkannten Warners und andere Ungläubige mich als zu schwerfällig für den Tanz um das goldene Kalb. Jetzt bin ich seit fünfviertel Jahren hier und suche Geld für schöne Sachen. Aber die Leute stecken es lieber in die «Lustige Witwe». Dabei kann einem schon das Lachen vergehen ... Der Rest ist Kreide.[175]

Die Freundschaftskundgebungen und Ehrungen in Form von Feiern, Reden und Artikeln, die Reinhardt zum 9. September 1943, seinem 70. Geburtstag, erfuhr, konnten ihn nicht mehr aus der Resignation zurückrufen. Schon 1940 hatte er geäußert: *Ob es der vielfach prophezeite Untergang des Abendlandes ist oder ob es noch eine Auferstehung gibt, werden nur kommende Generationen wissen. Ich für mein Teil bin überzeugt, daß alle atembeklemmenden Ereignisse dieser Tage, alle Kommun-Fasch-Nazismen und ihre Führer (zum Untergang) nur Teilerscheinungen sind der ungeheuren sozialen Umwälzung, die mit der Französischen Revolution einsetzte und für die alle «Volksbeglücker» der Erde bisher nichts gefunden haben, was sie beendigen könnte. Ich muß oft an die Fliege denken, die am rollenden Wagenrad sitzt und triumphierend summt: Was ich für einen Staub aufwirble! Sie hat keine Ahnung, daß sie nicht führt, sondern geführt wird.*[176]

Zwei Wochen nach seinem Geburtstag erlitt Reinhardt einen Schlaganfall, der Sprachstörungen zur Folge hatte. Seine Umgebung, Gottfried und Freunde, versuchten einen Monat lang seinen Zustand zu verschleiern, um die Heilung zu fördern und um schwebende Verhandlungen mit Theaterproduzenten nicht zu gefährden. Am 9. Oktober, dem Tag des Yom Kippur-Festes, entwich Reinhardt seinen besorgten Bewachern und verbrachte Stunden in einer Synagoge. Im stillen waren Religiosität und die Besinnung auf die eigenen Ursprünge wohl immer vorhanden gewesen, jedoch nur wenigen, ihm besonders nahestehenden Menschen sichtbar geworden. Einem von diesen, Richard Beer-Hofmann, hatte er 1933 geschrieben: ... *ich bin ein gottgläubiger und im eigentlichen Sinn frommer Mensch. Seit meiner Kindheit finde ich im Auf und Nieder des Lebens mein inneres Gleichgewicht immer wieder im Gebet.*[177]

Weitere Schlaganfälle, allmähliche Lähmung, eine Lungenentzündung führten in der Nacht des 31. Oktober 1943 zum Tod. Am 3. November wurde er in Hastings on Hudson begraben.

Theaterspiel, Theater als Spiel, das sein Leben bedeutet hatte, war am Schluß, aus der individuellen wie aus der geschichtlichen Situation heraus, offenbar nicht mehr möglich.

Gewiß, das Theater ist und muß im höchsten Sinn ein Spiel bleiben. Ein Spiel, zu dem Schauspieler und Zuschauer sich in lebendigem Kontakt zusammenfinden, um eine Unwirklichkeit wirklich zu machen und gemeinsam zu lachen und zu weinen.

Aber heute muß man im Gegenteil die Wirklichkeit unwirklich ma-

chen, um sie ertragen zu können, denn wie kann man sprechen in einer Welt, in der keiner mehr lacht, es sei denn über den Jammer eines Anderen, in der keiner mehr weint, es sei denn über das eigene Unglück? [178]

Die Barbarei, die die gesamte Kultur bedroht, macht vor dem Spiel nicht halt. Johan Huizinga spricht vom «Ursprung der Kultur im Spiel». Sein Buch vom «Homo ludens» liest sich wie ein Kommentar zum Leben des *alten Grenzjägers auf der schwankenden Linie zwischen Wirklichkeit und Traum.*

Max Reinhardt.

ANMERKUNGEN

Wird beim Nachweis von Äußerungen Max Reinhardts kein Druckort angegeben, so handelt es sich um bisher unveröffentlichte Quellen.

1 In: Hans Rothe (Hg.), «Max Reinhardt. 25 Jahre Deutsches Theater». München 1930. S. 60
2 Julius Bab: «Das Theater der Gegenwart». Leipzig 1928. S. 127
3 Undatierter Brief an einen unbekannten Empfänger (um 1900)
4 Autobiographische Aufzeichnungen, zitiert bei Gusti Adler: «Max Reinhardt». Salzburg 1964. S. 12
5 Ebd., S. 64
6 Autobiographische Aufzeichnungen
7 Diese Informationen, ebenso wie einen Großteil des über Reinhardts Elternhaus Gesagten, verdanke ich der unermüdlichen Hilfe von Dr. Therese Nickl und Vorarbeiten von Hofrat Prof. Dr. Franz Hadamowsky. Beiden sei an dieser Stelle ausdrücklich gedankt.
8 Autobiographische Aufzeichnungen
9 Ebd.
10 Ebd., z. T. zit. bei Adler, a. a. O., S. 12 f
11 Autobiographische Aufzeichnungen
12 Ebd., zit. bei Adler, a. a. O., S. 14 f
13 Autobiographische Aufzeichnungen
14 Ebd., zit. bei Adler, a. a. O., S. 17
15 Karl Kraus: «Die Handschrift des Magiers». In: «Die Fackel» Nr. 912–915, Ende August 1935, S. 58
16 Autobiographische Aufzeichnungen, zit. bei Adler, a. a. O., S. 18
17 Brief an den Onkel Leopold Goldmann, 3. Oktober 1893; zit. bei Adler, a. a. O., S. 23 f
18 Vertragstext; zit. bei Gisela Prossnitz: «Das Salzburger Theater von 1892 bis 1944». Diss. Wien 1965. S. 14
19 In: «Salzburger Volksblatt» vom 2. Dezember 1893
20 Brief an den Onkel Leopold Goldmann, 3. November 1893; zit. bei Adler, a. a. O., S. 24 f
21 Brief an Berthold Held, 20. Juni 1894
22 Undatierter Brief an Berthold Held (Juni 1894)
23 Undatierter Brief an Berthold Held (Sommer 1894)
24 Brief an Otto Brahm, 16. Juli 1894
25 Undatierter Brief an Berthold Held (September 1894); zit. in: *Ausgewählte Briefe, Reden, Schriften und Szenen aus Regiebüchern.* Hg. von Franz Hadamowsky. Wien 1963. S. 13
26 Ebd., S. 14
27 Undatierter Brief an Berthold Held (Oktober/November 1894); ebd., S. 15
28 Ebd.
29 Brief an Berthold Held, 9. März 1895; ebd., S. 19 f
30 Autobiographische Aufzeichnungen, zit. bei Adler, a. a. O., S. 32 f
31 Brief an Berthold Held, 20. Oktober 1895; *Ausgewählte Briefe,* a. a. O., S. 22
32 Brief an Berthold Held, 4. Dezember 1894; auszugsw. in *Ausgewählte*

Briefe, a. a. O., S. 18, zit.

33 In: Gottfried Reinhardt, «Der Liebhaber». München 1973. S. 180

34 Unter der Leitung des vorherigen Darstellers, Regisseurs und zeitweiligen Leiters des Münchener «Akademisch-dramatischen Vereins», Karl Werckmeister, den Brahm gleichzeitig mit Reinhardt engagiert hatte.

35 Eduard von Winterstein: «Mein Leben und meine Zeit». Berlin 1951. S. 341 f

36 b. b. in: «Neues Wiener Journal» vom 15. Juli 1899

37 Winterstein, a. a. O., S. 346

38 Brief an Berthold Held, 4. Dezember 1894

39 Undatierter Brief an Berthold Held (Mai 1895)

40 Brief an Christian Morgenstern, 21. März 1897; zit. in: «Christian Morgenstern. Ein Leben in Briefen». Hg. von Margareta Morgenstern. Wiesbaden 1952. S. 91

41 Brief an Arthur Schnitzler, 31. August 1902. In: «Der Briefwechsel Arthur Schnitzlers mit Max Reinhardt und dessen Mitarbeitern». Hg. von Renate Wagner. Salzburg 1971. S. 41

42 *Schall und Rauch*. Berlin 1901. S. 76 f

43 Ebd., S. 125

44 Zitiert in der Besprechung des «Berliner Börsen-Courir» vom 23. Mai 1901

45 Möglicherweise auch Kayßler. Die Autorschaft ist, wie bei zahlreichen in «Schall und Rauch» verwendeten Texten, nicht eindeutig feststellbar, zumal sie häufig Ergebnisse einer Zusammenarbeit mehrerer Beteiligter sind, worauf Reinhardt selbst in *Schall und Rauch* (a. a. O., S. 71) hinweist.

46 Friedrich Kayßler an Christian Morgenstern, 30. Januar 1902; zit. in «Christian Morgenstern», a. a. O., S. 119 f (dort fälschlich auf 1901 datiert)

47 Bereits vor der Jahrhundertwende ist Behrens an Plänen zur Gründung eines Cabarets im Rahmen der Darmstädter Künstlerkolonie beteiligt; 1900 erscheinen aus seiner Feder ein Aufsatz «Die Dekoration der Bühne» und das Buch «Feste des Lebens und der Kunst. Eine Betrachtung des Theaters als höchsten Kultursymbols» – eine Art Manifest für eine von Farbe und Phantasie getragene Bühnenkunst.

48 *Die Weber. Ansprache Sr. Excellenz des Herrn Geheimrats Freiherr von Kindermann an Serenissimus*

49 Brief an Berthold Held, 9. März 1895

50 Anonymer, undatierter Brief an den Dienst Ihrer Majestät der Kaiserin und Königin, der das Schreiben am 29. November 1901 an das Polizeipräsidium weiterleitete. (DDR, Staatsarchiv Potsdam, Pr. Br. Rep. 30 Berlin C Th Nr. 813.)

51 DDR, Staatsarchiv Potsdam, Pr. Br. Rep. 30 Berlin C Th. Nr. 2723 (es folgt der Vermerk: «g. Oberländer hat bezahlt»)

52 Friedrich Kayßler an Christian Morgenstern, 30. Januar 1902. In: «Christian Morgenstern», a. a. O., S. 120

53 Zit. n. Otto Brües: «Louise Dumont». Emsdetten 1954. S. 43

54 Zit. n. Bab, a. a. O., S. 121

55 Hugo von Hofmannsthal: «Reinhardt bei der Arbeit». In: Hofmannsthal, «Aufzeichnungen». Frankfurt a. M. 1959. S. 339

56 Brief an Berthold Held, 20. Juli 1902; *Ausgewählte Briefe*, a. a. O., S. 30

57 Hugo von Hofmannsthal: «Briefe 1900–1909». Wien 1937. S. 383 f

58 Beide Texte erschienen am 1. Oktober («Die Bühne als Traumbild») und 7. November («Szenische Vorschriften»), also vor und nach der «Elektra»-Premiere (30. Oktober 1903), in Heft 1 und Heft 3 des I. Jahrgangs der ersten, von Christian Morgenstern redigierten, Hauszeitschrift der Reinhardt-Bühnen: «Das Theater».
59 Herbert Jhering: «Regie». Berlin 1943. S. 12
60 Autobiographische Aufzeichnungen
61 Karl Kraus: «Die Handschrift des Magiers». In: «Die Fackel» Nr. 912–915, Ende August 1935, S. 45
62 Hermann Bahr: «Glossen zum Wiener Theater (1903–1906)». Berlin 1907. S. 292 f
63 Autobiographische Aufzeichnungen
64 Theatersammlung der Österreichischen Nationalbibliothek
65 Autobiographische Aufzeichnungen, zit. bei Adler, a. a. O., S. 51 f
66 Hermann Bahr: «Max Reinhardt». In: «Die Schaubühne», 5. Jg. 17. Juni 1909
67 Ebd.
68 Rede, April 1932; zit. n. Adler, a. a. O., S. 219
69 Brief an Berthold Held, 28. Juli 1905; *Ausgewählte Briefe*, a. a. O., S. 39
70 Patentschrift Nr. 206 340 des Kaiserl. Patentamtes Berlin. Zitiert in dem sehr informativen Artikel von Heinrich Huesmann: «Max Reinhardts Berliner Theaterbauten» (in: «Emuna», Jg. 9/1974, Nr. 1, S. 49), dem ich darüber hinaus verschiedene der in diesem Kapitel mitgeteilten Fakten verdanke.
71 Arthur Kahane: «Tagebuch des Dramaturgen». Berlin 1928. S. 117
72 Arthur Kahane in: Rothe, a. a. O., S. 28 f
73 *Ausgewählte Briefe*, a. a. O., S. 89
74 «Hermann Thimig. Ein Leben in Dokumenten». Hg. von Gerda Doublier und Fritz Fuhrich. Wien 1972. S. 60 f
75 Bahr, a. a. O.
76 Kahane, a. a. O., S. 31
77 Edmund Goldmann hatte Ende 1900 seinen Familiennamen offiziell in Arányi umändern lassen. Reinhardt wurde, wie auch im Falle Max Reinhardts, erst 1904 der offizielle Name.
78 Kahane, a. a. O., S. 29
79 Brief an den Sohn Wolfgang (ca. 1935); zit. bei Adler, a. a. O., S. 186
80 G. Reinhardt, a. a. O., S. 104
81 Helene Thimig-Reinhardt: «Wie Max Reinhardt lebte». Percha 1973. S. 46
82 Kahane, a. a. O., S. 39: «Was Reinhardt sich gesetzt hatte, war kein Programm, sondern eine Totalität.»
83 Siegfried Jacobsohn: «Das Theater der Reichshauptstadt». München 1904. S. VII f
84 Brief an die nationalsozialistische Regierung (16. Juni 1933); *Ausgewählte Briefe*, a. a. O., S. 95 f
85 Gespräch, zit. in: Kahane, «Tagebuch», a. a. O., S. 118
86 Rede in Christiania (November 1915); *Ausgewählte Briefe*, a. a. O., S. 63
87 Norbert Falk in: «Berliner Zeitung am Mittag» vom 11. März 1916 (nach der Premiere von «Der eingebildete Kranke» im Deutschen Theater)
88 Brief an Felix Hollaender, 15. August 1917

89 Siegfried Jacobsohn in «Jahr der Bühne» 1917/18; zit. n. Jacobsohn, «Jahre der Bühne. Theaterkritische Schriften». Reinbek 1965 (= RP. 42). S. 157
90 Heinrich Mann: «Max Reinhardt». In: Mann, «Essays» Bd. 3. Berlin 1962. S. 520
91 Herbert Jhering: «Von Reinhardt bis Brecht» Bd. 1. Berlin 1958. S. 113
92 Vgl. Anm. 88
93 *Ausgewählte Briefe*, a. a. O., S. 119
94 Brief an Friedrich Graf Ledebur (1940); zit. bei Adler, a. a. O., S. 281
95 Gespräch mit Arthur Kahane, in: Kahane, «Tagebuch», a. a. O., S. 119
96 An Friedrich Graf Ledebur (1940); zit. bei Adler, a. a. O., S. 282
97 Ebd.
98 Diesen Hinweis verdanke ich Zeugenaussagen in Hollywood; Dokumente, die das Faktum belegen, sind überliefert.
99 *Über die Zukunft des Films* (Aufsatz ca. 1935); zit. n. Adler, a. a. O., S. 249 f
100 Brief an Berthold Held, 4. Dezember 1894; *Ausgewählte Briefe*, a. a. O., S. 17 f
101 An Friedrich Graf Ledebur (1940); zit. bei Adler, a. a. O., S. 278
102 Kahane, «Tagebuch», a. a. O., S. 118 (Gespräch mit Arthur Kahane, 1902)
103 F.[riedrich] St.[ahl] im «Berliner Tageblatt», ca. September/Oktober 1906 (Datum nicht festgestellt)
104 Zit. bei Adler, a. a. O., S. 42
105 Vgl. dazu Huesmann, a. a. O., S. 47 f
106 Siegfried Jacobsohn: «Max Reinhardt». Berlin 1910. S. 30
107 Kahane, a. a. O., S. 153
108 Ernst Stern: «Bühnenbildner bei Max Reinhardt». Berlin 1955. S. 38 f
109 Hans Midbøe: «Max Reinhardts iscenesettelse av Ibsens Gespenster i Kammerspiele des Deutschen Theaters Berlin – Dekor Edvard Munch». Trondheim 1969. S. 8
110 *Ausgewählte Briefe*, a. a. O., S. 65
111 Heinrich Stümcke: «Modernes Theater». Berlin 1907. S. 124
112 Jacobsohn, a. a. O., S. 29
113 Fritz Klingenbeck (Hg.): «Max Reinhardts Theater in der Josefstadt». Salzburg 1972. S. 5
114 Ebd., S. 47 (Brief an Helene Thimig, ca. Oktober 1923)
115 Autobiographische Aufzeichnungen, zit. n. Adler, a. a. O., S. 43
116 Kahane, a. a. O., S. 120 (Gespräch mit Reinhardt, 1902)
117 Interview in: «Das Literarische Echo», Jg. 13, Spalte 1242
118 Fritz Kortner: «Aller Tage Abend». München 1959. S. 169 f
119 Zit. bei Huesmann, a. a. O., S. 51
120 Fritz Engel in «Berliner Tageblatt» vom 29. November 1919
121 Stefan Großmann in «Vossische Zeitung» vom 29./30. November 1919
122 «Wiener Montags-Journal» vom 23. September 1912
123 Alfred Kerr: «Die Welt im Drama» Bd. 5. Berlin 1917. S. 161
124 Autobiographische Aufzeichnungen
125 Zu den Gastspielen in europäischen Ländern außerhalb Deutschlands vgl. die von Edda Leisler und Gisela Prossnitz redigierte Dokumentation: «Max Reinhardt in Europa». Salzburg 1973
126 *Denkschrift zur Errichtung eines Festspielhauses in Hellbrunn* (1917); zit.

n. *Ausgewählte Briefe*, a. a. O., S. 74
127 Ebd.
128 Joseph Gregor: «Meister und Meisterbriefe um Hermann Bahr». Wien 1947. S. 196
129 *Ausgewählte Briefe*, a. a. O., S. 73
130 Ebd., S. 79
131 Hugo von Hofmannsthal: «Deutsche Festspiele zu Salzburg». In: Hofmannsthal, «Prosa» III. 2. Aufl. Frankfurt a. M. 1964. S. 443
132 Hugo von Hofmannsthal: «Die Salzburger Festspiele». In: Hofmannsthal, «Prosa» IV. 2. Aufl. Frankfurt a. M. 1966. S. 90
133 Adler, a. a. O., S. 86
134 Brief an Gusti Adler, 25./26. Januar 1921
135 Vgl. das im übrigen vorzügliche Buch von Heinrich Braulich: «Max Reinhardt. Theater zwischen Traum und Wirklichkeit». Berlin 1969. S. 69
136 Rede, 30. Mai 1930; zit. n. Adler, a. a. O., S. 193
137 Zit. bei Franz Hadamowsky: «Reinhardt und Salzburg». Salzburg o. J. S. 64
138 «Neue Freie Presse» (Wien) vom 26. August 1923
139 Rede, 1. Oktober 1920; zit. n. *Ausgewählte Briefe*, a. a. O., S. 84
140 *Rede über den Schauspieler* (1928); zit. n. *Ausgewählte Briefe*, a. a. O., S. 90 f
141 Ebd., S. 89
142 Hugo von Hofmannsthal: «Dramen» III. Frankfurt a. M. 1957. S. 252 (Vorbemerkung zum «Salzburger Großen Welttheater»)
143 Hugo von Hofmannsthal: «Prosa» IV, a. a. O., S. 269 f («Das Salzburger Große Welttheater» [Aufsatz])
144 Zit. n. Hadamowsky, a. a. O., S. 85
145 Ebd., S. 86
146 Unveröffentlicht (mit freundlicher Genehmigung von Frau Christiane Zimmer-von Hofmannsthal)
147 Brief an Howard Miller, Hollywood, 13. Mai 1937
148 Rede, 1932; zit. n. Adler, a. a. O., S. 218
149 Brief an die Reichsregierung, 16. Juni 1933; *Ausgewählte Briefe*, a. a. O., S. 98
150 Brief an Heinz Hilpert, Venedig, Oktober 1933
151 *Ausgewählte Briefe*, a. a. O.
152 Annette Kolb: «Festspieltage in Salzburg». Frankfurt a. M. 1966. S. 77
153 Brief an Otto H. Kahn, 21. Januar 1913
154 Ebd.
155 Burns Mantle in: «New York Daily News», Januar 1924
156 Zit. n. Adler, a. a. O., S. 155
157 Ebd., S. 157
158 An Einar Nilson, 18. Oktober 1934. In «Kalifornische Festspiele. Ein Brief Max Reinhardts an Einar Nilson». Mitgeteilt von Leonhard M. Fiedler in: «Neue Zürcher Zeitung», Fernausgabe 246 vom 9. September 1973
159 Brief an William Paley, 17. Juni 1936
160 Vgl, Anm. 158
161 Meyer Weisgal: «... So Far». New York 1971. S. 117
162 Ebd., S. 116

163 Vgl. Harry Horner: «Recollections of my Work with Max Reinhardt – The Eternal Road». In: George E. Wellwarth und Alfred G. Brooks (Hg.), «Max Reinhardt 1873–1973». Binghamton, N.Y. 1973
164 Franz Werfel: «Dramen» Bd. 2. Frankfurt a. M. 1959. S. 91
165 Brief an Helene Thimig, 28. November 1938; zit. in: Thimig-Reinhardt, a. a. O., S. 338
166 Brief an Helene Thimig, 24. November 1938; ebd., S. 330
167 Vgl. Anm. 158
168 Brief an Sam Jaffe, 3. März 1940
169 Interview in «Neue Freie Presse» (Wien) vom 4. November 1928
170 Brief an Friedrich Graf Ledebur (Juli 1940); *Ausgewählte Briefe*, a. a. O., S. 109
171 Brief an Bert D'Armand, 21. Juni 1941
172 Brief an Gottfried Reinhardt, 29. August 1941; zit. n. G. Reinhardt, a. a. O., S. 287
173 Bertolt Brecht: «Arbeitsjournal». Frankfurt a. M. 1973. S. 445
174 Brief an Helene Thimig (Anfang Juni 1942); zit. n. Thimig-Reinhardt, a. a. O., S. 357
175 Brief an Francesco von Mendelssohn (ca. August 1943); zit. n. Adler, a. a. O., S. 297 f
176 Brief an Friedrich Graf Ledebur (Juli 1940); ebd., S. 274
177 Brief an Richard Beer-Hofmann, Venedig, 9. Oktober 1933
178 *Ausgewählte Briefe*, a. a. O., S. 120

ZEITTAFEL

1873	9. September: Geburt Max Goldmanns in Baden bei Wien als erstes von sieben Kindern von Wilhelm Goldmann (1846–1911) und Rosa Goldmann, geb. Wengraf (1851–1924). Auf Grund der Zuständigkeit des Vaters nach Stampfen bei Preßburg ungarischer Staatsbürger
1875	14. März: Geburt von Edmund Goldmann
1877	Umzug der Familie von der Praterstraße 38 (Wien II.) in die Pazmanitengasse 4. – 24. Juni: Geburt der Schwester Jenny
1878	29. November: Geburt der Schwester Adele
1879	Ab September Schulbesuch: bis 1884 Volksschule; 1884–88 Realschule; Januar–Juli 1888: Bürgerschule
1880	Februar: Umzug in die Schönbrunnerstraße 22. – 28. August: Geburt der Schwester Irene
1883	27. Januar: Geburt des Bruders Siegfried
1885	2. April: Geburt des Bruders Leo
1886	Umzug in die Mentergasse 5
1890	19. April: Erstes nachweisbares öffentliches Auftreten als Schauspieler, von nun ab unter dem Namen Reinhardt: Paul Hofmeister in «Krieg im Frieden» von Gustav von Moser und Franz Schönthan, im Fürstl. Sulkowskyschen Eleventheater in Wien-Matzleinsdorf. – Umzug der Familie in die Bernardgasse 29
1890–1892	Auftreten im Sulkowsky-Theater und Schauspielunterricht bei Maximilian Streben und Emil Bürde
1892–1893	Engagement am Neuen Volkstheater Rudolfsheim unter der Direktion von Pauline Löwe
1893	20. Mai–3. September: Sommerengagement in Preßburg, Sommerarena. – 1. Oktober–1. April 1894: Engagement am neueröffneten Stadttheater in Salzburg. – Umzug der Familie in die Lerchenfelderstraße 65
1894	Sommergastspiel in der Umgebung von Salzburg. – 1. September: Antritt des Engagements am Deutschen Theater, Berlin, unter der Direktion Dr. Otto Brahm. Max Reinhardt wohnt zusammen mit Max Marx Friedrichstr. 134. – 6. Oktober: Erstes Auftreten in Berlin: Mundschenk Theres in «Esther» von Grillparzer
1895–1901	Jährliche Sommergastspiele mit jungen Kollegen, u. a. nach Dresden, Prag, Wien, Budapest
1896	Reinhardt zieht in die Claudiusstr. 6
1900	Juli: Erste Nennung Reinhardts als Regisseur anläßlich eines Gastspiels der Berliner Secessionsbühne in Budapest und Wien (Ibsen: «Komödie der Liebe»). Reinhardt zieht nach Berlin-Charlottenburg, Bleibtreustr. 42. – Ab 1. Oktober Lehrtätigkeit an der Schauspielschule des Stern'schen Conservatoriums in Berlin
1901	23. Januar: Erster «Schall und Rauch»-Abend im Küstlerhaus, Bellevuestr. – 9. Oktober: Eröffnung des «Schall und Rauch»-Theaters (später Kleines Theater), Unter den Linden 44 – Edmund Reinhardt Bürochef von «Schall und Rauch»
1902	25. Oktober: Reinhardts erste offizielle Regie in Berlin: «Serenissi-

mus» von Leo Feld. – Reinhardt zieht nach Grunewald, Fontanestr. 8. – 6. Dezember: Reinhardts letzte Rolle in Brahms Ensemble: Pater Benedikt in «Der arme Heinrich» von Gerhart Hauptmann

1903 1. Januar: Reinhardt tritt aus dem Ensemble des Deutschen Theaters aus. – 23. Januar: Sensationserfolg des Kleinen Theaters mit Gorkis «Nachtasyl». – Mitte Februar: Reinhardt übernimmt zum Kleinen Theater auch die Direktion des Neuen Theaters (am Schiffbauerdamm). – 25. Februar: Erste Aufführung am Neuen Theater: «Die Lokalbahn» von Ludwig Thoma

1904 8. Oktober: Offizielle Bewilligung der Namensänderung durch das kgl. ungarische Innenministerium

1905 31. Januar: Sensationeller Erfolg der ersten Reinhardt-Inszenierung von Shakespeares «Sommernachtstraum» im Neuen Theater. Erste dramaturgisch-funktionale Verwendung der Drehbühne. – August: Reinhardt gibt das Kleine Theater an Viktor Barnowsky ab. – 2. Oktober: Eröffnung von Reinhardts Schauspielschule des Deutschen Theaters. – 20. Oktober: Eröffnung des Deutschen Theaters unter Max Reinhardts Direktion mit Kleists «Käthchen von Heilbronn». – 24. November: Vertragsabschluß mit Adolph L'Arronge, der Reinhardt zum Eigentümer des Deutschen Theaters und angrenzender Grundstücke macht. – Wohnung: Palais Wesendonck, In den Zelten 21

1906 30. Juni: Reinhardt gibt die Direktion des Neuen Theaters ab. – 8. November: Eröffnung der Kammerspiele des Deutschen Theaters mit Reinhardts Inszenierung der «Gespenster» von Henrik Ibsen. – 20. November: Reinhardt inszeniert die Uraufführung von Frank Wedekinds «Frühlings Erwachen» in den Kammerspielen

1907 Mai–August: Gastspiele in Budapest, Dresden, Leipzig, Hannover, Halle, Bremen, Breslau, Frankfurt a. M.

1908 April–August: Gastspiele in Dresden, Bremen, Hannover, Braunschweig, Hamburg, Halle, Budapest. – 13. Dezember: Geburt von Wolfgang Reinhardt, Sohn der Schauspielerin Else Heims (1878–1958) und Max Reinhardts

1909 17. Mai: Verleihung des Professoren-Titels durch Carl Eduard Herzog von Sachsen-Coburg und Gotha. – August–September: Gastspiele im Ausstellungstheater der «ILA» in Frankfurt a. M.

1909–1911 Reinhardt leitet die Sommerfestspiele des Künstlertheaters in München

1910 22. Juli: Heirat mit Else Heims in Maidenhead/England. – 25. September: Uraufführung von Hofmannsthal/Sophokles' «König Ödipus» in der Musikfesthalle auf der Münchner Theresienhöhe, Reinhardts erste Arena-Inszenierung; danach Gastspiele und Gastinszenierungen u. a. in Budapest, Wien, Moskau, Stockholm, London, Brüssel

1911 26. Januar: Uraufführung von Strauss' und Hofmannsthals «Rosenkavalier» unter Reinhardts Mithilfe am Kgl. Opernhaus, Dresden. – 16. August: Die erste Nummer der «Blätter des Deutschen Theaters» erscheint. – Gastspiele in Budapest, Den Haag, Stockholm, Riga, St. Petersburg, Prag. – 1. Dezember: Uraufführung von

Hofmannsthals «Jedermann» im Zirkus Schumann, Berlin. – Dezember: Reinhardt zieht mit seiner Familie in das Knobelsdorffsche Palais, Am Kupfergraben 7. – 23. Dezember: Uraufführung von Karl Vollmoellers Pantomime «Das Mirakel» in der Olympia Hall, London

1912 16. Januar: Erstes Gastspiel der Reinhardt-Bühnen in den USA mit der Pantomime «Sumurûn» von Friedrich Freksa in New York. – Gastspiele in Paris, Warschau und Skandinavien. – Herbst: Verfilmung von «Das Mirakel» in Wien. – 24. Oktober: Uraufführung von Strauss' und Hofmannsthals «Ariadne auf Naxos» am Kgl. Hoftheater, Stuttgart

1913 5. März: Uraufführung von Carl Sternheims «Bürger Schippel» in den Kammerspielen. – 20. März: Geburt des Sohnes Gottfried. – April–Sommer: Inszenierung der beiden Stummfilme «Insel der Seligen» und «Venezianische Nacht» in Italien. – 31. Mai: Uraufführung von Gerhart Hauptmanns «Jahrhundertfestspiel» in Breslau. – November 1913–Mai 1914: Shakespeare-Zyklus des Deutschen Theaters

1915 1. September: Reinhardt übernimmt für drei Spielzeiten die Direktion der Volksbühne am Bülowplatz. – Gastspiele in Skandinavien

1916 Gastspiele in Holland. – 4.–20. April: Shakespeare-Zyklus. – Oktober 1916–März 1917: Deutscher Zyklus

1917 1. August: Gründung der Salzburger Festspielhaus-Gemeinde. – 1. Oktober: Helene Thimig (1889–1974) wird ans Deutsche Theater engagiert. Verbindung mit Max Reinhardt. – 23. Dezember: Reinhardts Inszenierung der Uraufführung von Reinhard Sorges «Der Bettler» eröffnet den Zyklus «Das junge Deutschland»

1918 16. April: Reinhardt kauft Schloß Leopoldskron bei Salzburg

1919 29. November: Eröffnung des Großen Schauspielhauses (früher Zirkus Schumann) mit Aischylos/Vollmoellers «Orestie»

1920 22. August: Eröffnung der Salzburger Festspiele mit «Jedermann» auf dem Domplatz. – 9. Oktober: Reinhardt erklärt seinen Rücktritt von der persönlichen Direktion der in seinem Besitz stehenden Berliner Theater. In den folgenden Jahren vermehrte Tätigkeit in Österreich und zahlreiche Gastspiele im Ausland

1922 13. August: Uraufführung von Calderón/Hofmannsthals «Salzburger Großem Welttheater» in der Kollegienkirche, Salzburg. – September–Dezember: Gastspiel im Redoutensaal der Hofburg, Wien

1923 18. April–19. Mai: Erster Amerika-Aufenthalt Reinhardts. Verhandlungen mit Morris Gest und Otto H. Kahn über Gastspiele. – 22. Juni: Unterzeichnung des Pachtvertrags für das Theater in der Josefstadt in Wien. – 20. August: Inszenierung von Molières «Der eingebildete Kranke» in Schloß Leopoldskron

1924 15. Januar: «Das Mirakel» in New York. 298 Vorstellungen; danach mehrjährige Tournee der Inszenierung durch die USA. – 1. April: Eröffnung des Theaters in der Josefstadt in Wien mit Reinhardts Inszenierung von Carlo Goldonis «Diener zweier Herren». – 14. Oktober: G. B. Shaws «Die heilige Johanna» mit Elisabeth

Bergner am Deutschen Theater. – 11. November: Eröffnung der Komödie, Berlin. – Reinhardt übernimmt wieder die persönliche Leitung der Berliner Bühnen

1925 13. August: Eröffnung des Salzburger Festspielhauses. – 20. Oktober: Klabunds «Der Kreidekreis» am Deutschen Theater

1926 Dezember–Februar 1927: Reise nach Kalifornien; Film-Verhandlungen in Hollywood; Zusammentreffen mit Lillian Gish

1927 18. November–4. Februar 1928: Ensemble-Gastspiel des Deutschen Theaters mit acht Reinhardt-Inszenierungen in New York

1928 Februar: *Rede über den Schauspieler* an der Columbia University, New York. – 25. Oktober: Eröffnung des Berliner Theaters. – 13. November: Eröffnung der Schauspiel- und Regieschule (Max Reinhardt-Seminar) in Wien-Schönbrunn. – 13. Dezember 1928–20. März 1929: Reise nach den USA. Arbeit am «Film für Lillian Gish» und Abbruch der Dreharbeiten

1929 18. Juli: Tod Edmund Reinhardts, drei Tage nach Hugo von Hofmannsthals Tod

1930 Mai: Fünfundzwanzigjähriges Direktionsjubiläum am Deutschen Theater. Ehrendoktor der Universitäten Frankfurt am Main und Kiel

1931 Mai: Scheidung von Else Heims in Riga. Die Scheidung wird von Else Heims angefochten. – Gastinszenierungen in Riga. – Reinhardt wird zum Vizepräsidenten der englischen Shakespeare-Gesellschaft gewählt

1932 16. Februar: Uraufführung von Gerhart Hauptmanns «Vor Sonnenuntergang». – April: Reinhardt zieht sich von der künstlerischen Leitung seiner Berliner Bühnen zurück. Gastspiele in Rom und Mailand

1933 1. März: Hofmannsthals «Großes Welttheater» am Deutschen Theater, Reinhardts letzte Inszenierung auf deutschem Boden. Wenige Tage danach verläßt Reinhardt Deutschland endgültig. – 31. Mai: «Sommernachtstraum» in den Giardini Boboli, Florenz. – 15. Juni: «Sommernachtstraum» in South Park Headington, Oxford. – 16. Juni: Brief an die nationalsozialistische Regierung. Enteignung des Berliner Besitzes. – 17. August: «Faust I» in der Felsenreitschule, Salzburg. – 18. November: «Die Fledermaus» in Paris

1934 17. Februar: «Die Fledermaus» in Mailand. – 18. Juli: «Der Kaufmann von Venedig» am Campo San Trovaso, Venedig. – September–Oktober: «Sommernachtstraum» in der Hollywood Bowl, in San Francisco und Berkeley, November in Chicago. Nun jährlich in den USA

1934–1935 Dreharbeiten zum «Sommernachtstraum»-Film in Hollywood

1935 Juni: Endgültige Scheidung von Else Heims und offizielle Verbindung mit Helene Thimig. – 9. Oktober: Uraufführung des «Sommernachtstraum»-Films in New York und London

1937 7. Januar: Uraufführung von Franz Werfels «Eternal Road» («Der Weg der Verheißung») in New York. – 5. Oktober: Uraufführung von Werfels «In einer Nacht» am Theater in der Josefstadt, Reinhardts letzte Inszenierung auf europäischem Boden. Unmittelbar danach endgültige Übersiedlung nach den USA. – 29. Oktober: Helene Thimig reist in die USA

1938 März: Leopoldskron wird enteignet. – 12. Juli: Eröffnung des Workshop for Stage, Screen and Radio in Hollywood. – 8. August: Erste öffentliche Vorstellung des Workshop: Maurice Maeterlincks «Schwester Beatrix». – 23. August: «Faust I» im Pilgrimage Theatre, Hollywood, später auch in San Francisco. – 28. Dezember: Uraufführung von Thornton Wilders «The Merchant of Yonkers» in New York

1940 7.–13. Januar: Workshop-Gastspiel in San Francisco. – 18. Januar: «Too Many Husbands» von William Somerset Maugham im Belasco Theatre, Los Angeles. – 29. November: Amerikanische Staatsbürgerschaft

1941 Notizen zu einer Autobiographie. – 29. November: Letzte Workshop-Inszenierung Max Reinhardts: «Die Quadratur des Kreises» von Valentin Kataev

1942 22 Mai: Reinhardt zieht nach New York, Hotel Gladstone. – Oktober: Inszenierung von Noel Cowards «The Astonished Heart» am Max Reinhardt Workshop durch Helene Thimig. Übergabe der Theaterschule an Jack Geller. – 28. Oktober: «Rosalinda» (= «Die Fledermaus») in New York

1943 4. Mai: Irwin Shaws «Sons and Soldiers» in New York, Reinhardts letzte Inszenierung. – 9. September: Feier des 70. Geburtstags, unter breiter Anteilnahme, vor allem aus Kreisen der Emigration. Danach Aufenthalt auf Fire Island vor New York, wo am 24. September der Biß eines Hundes einen Schlaganfall und Sprachstörungen zur Folge hat. – 31. Oktober: Tod in New York, Hotel Gladstone

ZEUGNISSE

Hugo von Hofmannsthal

Reinhardt ist der vollkommene Visionär der Bühne; und er weiß, daß es in einem Traum oder einer Vision nichts Gleichgültiges und Nebensächliches gibt; dies ist die große Stärke seiner Inszenierungen: nichts, auch nicht das Geringste, ist in ihnen mit geringerer Aufmerksamkeit und mit einem geringeren Aufwand von Phantasie und Kraft behandelt, als womit andere Regisseure *das* behandeln, was sie für die Hauptsache halten. *«Reinhardt bei der Arbeit». 1923*

Gerhart Hauptmann

Max Reinhardt steht mir als Regisseur am nächsten. Er ist der Lehrmeister der meisten heutigen Regisseure von Bedeutung. Sein künstlerisches Schaffen, seine Reife hat eine Höhe erreicht, die ihn weit über sich hinausgewachsen erscheinen läßt. Auf seinem Gebiete ist er ein Genie, wie es ganz selten geboren wird.

Rede zu Reinhardts fünfundzwanzigjährigem Regiejubiläum. 1926

Julius Bab

So sehr Reinhardts allseitig empfänglicher Theatergeist auch nach anderen Richtungen ausgreifen mochte, der Kern seiner Leistung steckt in der höchsten Vervollkommnung des Illusionstheaters.

«Das Theater der Gegenwart». 1928

Erwin Piscator

Max Reinhardt: ein genialer Verschwender des Theaters. Ein Genießer seiner Wirkungen. Ein Nachschmecker seiner Reize. Max Reinhardt, die farbigste Theaterbegabung aller Zeiten, intuitiv, zwanglos improvisierend, Anregungen aufnehmend, Anregungen ausstreuend, Max Reinhardt spielte für Menschen, die Theater als Luxus empfanden, als Kostbarkeit, als schönsten Schmuck des Daseins. Max Reinhardt, der geniale Vollender des großbürgerlichen Theaters, vergleichslos in seinen Leistungen, unerschöpflich in seiner künstlerischen Wandelbarkeit – Max Reinhardt und die Volksbühne?

«Das Politische Theater». 1929

Konstantin S. Stanislavskij

Heute wird gesagt: Reinhardts Leben hat ein mächtiges Werk geschaffen – eines der besten Theater der Welt. Aber was vielleicht noch mehr ist, es hat ein ganzes Geschlecht von Zuschauern, von talentvollen und großen Schauspielern, von Regisseuren hervorgerufen ... Sie haben eine große Schule, eine ganze Kultur gegründet.

Brief an Max Reinhardt, 24. Mai 1930

Karl Kraus

... dies wundertätige Walten, bei dem der Glaube im Unbeweisbaren beruht, grenzt an das thëurgische Wesen Hitlers, wovon es sich jedoch durch die völlige Schweigsamkeit der Regie unterscheidet, welche eben den besonderen Zauber ausmacht.

«Die Handschrift des Magiers». 1935

Heinrich Mann

Man weiß, er hat das Theater revolutioniert ... Wo hat stärker, direkter als im Büchner-Reinhardtschen «Woyzeck» das stumme Menschenleid geklagt und angeklagt? Die Konventszene in «Dantons Tod», wer mußte man sein, um sie zu machen? Die bürgerlichen Komödien von Sternheim – der sozial gerichtete Brahm hätte sie wahrscheinlich noch verworfen; sie zeigen von dem Aufstand gegen eine Klasse das neuere Gesicht. Wer Sternheim wagte, war Reinhardt.

Nachruf auf Max Reinhardt. 1943

Thomas Mann

Die Vorstellung der Kunst als Zauberreiz, Farbenspiel, kluge Faszination, Reigen, Klang und Traum verbindet sich mit seinem Namen. Bewunderung, schönstes Erinnern und die Gewißheit glänzenden Fortlebens verbinden sich mit ihm.

Nachruf auf Max Reinhardt. 1943

Siegfried Melchinger

Er war einer derer, die das antiillusionistische Theater dieses Jahrhunderts eröffneten. Er mag, wie Jhering sagte, keinen «Stil» begründet haben, aber er holte Stile auf die Bühne zurück: Stile als Spielmöglichkeiten nämlich, die vom Illusionismus verdrängt worden waren.

«Demontage eines Magiers». 1973

Giorgio Strehler

Ohne Zweifel ist er es, dem wir Regisseure von heute und dem das Theater von heute die jetzige Bedeutung des Theaters verdanken, eine Bedeutung, die unbestritten ist, auch wenn zwischen denen, die Theater machen, neue Beziehungen entstanden sind, jenseits aller Methoden und aller falschen, oft demagogischen «Arbeitsgruppen»; auch wenn neue Methodologien, neue Formeln der «Theaterarbeit» in Erscheinung getreten sind.

«Max Reinhardt und heute». 1973

BIBLIOGRAPHIE

Eine Max-Reinhardt-Bibliographie steht noch aus. Im folgenden werden die in Buch- oder Heftform erschienenen Veröffentlichungen Max Reinhardts und der Reinhardt-Bühnen und die Einzelveröffentlichungen über Max Reinhardt verzeichnet. Viele der Max Reinhardt gewidmeten Bücher enthalten auch eigene Texte Reinhardts. Des weiteren wird eine Auswahl von Titeln genannt, die wichtige Aspekte von Reinhardts Leben und Werk in größeren Zusammenhängen behandeln. Auf die Verzeichnung der zahlreichen Ausstellungskataloge und unveröffentlichten Dissertationen mußte in diesem Rahmen verzichtet werden, ebenso auf die Nennung von Aufsätzen und Artikeln über Reinhardt: es wäre hier eine Auswahl aus mehreren tausend Titeln (Aufführungskritiken ausgenommen) zu treffen. Die wichtigsten Kritikensammlungen werden hingegen verzeichnet.

1. Schriften von Max Reinhardt

Schall und Rauch. Erster Band. Berlin 1901

Ariadne auf Naxos. Oper in einem Aufzuge von Hugo von Hofmannsthal. Musik von Richard Strauss. Zu spielen nach dem «Bürger als Edelmann» des Molière. Regiebuch. Berlin–Paris 1912–1913

A project for a theatrical presentation of the Divine Comedy of Dante Alighieri. By NORMAN BEL GEDDES. Foreword by MAX REINHARDT. New York 1924

Móric Pogány. Träume eines Baumeisters. Geleitwort von MAX REINHARDT. Leipzig 1926

Rede über den Schauspieler. Wien 1947

Max Reinhardts Regiebuch zu «Macbeth». Hg. von MANFRED GROSSMANN. Basel 1966

Ausgewählte Briefe, Reden, Schriften und Szenen aus Regiebüchern. Hg. von FRANZ HADAMOWSKY. Wien 1963

Max Reinhardts Regiebuch zu «Faust I». (Kritische Edition von WILFRIED PASSOW.) München 1971

Der Briefwechsel Arthur Schnitzlers mit Max Reinhardt und dessen Mitarbeitern. Hg. von RENATE WAGNER. Salzburg 1971

Schriften. Briefe, Reden, Aufzeichnungen, Interviews, Gespräche und Auszüge aus Regiebüchern. Hg. von HUGO FETTING. Berlin 1975 – Erweiterte Neuausg. unter dem Titel «Ich bin nichts als ein Theatermann». Berlin 1989

Schall und Rauch: Erlaubtes und Verbotenes. Spieltexte des ersten Max Reinhardt-Kabaretts (Berlin 1901/02). Hg. von PETER SPRENGEL. Berlin 1991

Drei Don Carlos-Parodien. Hg. von PETER LÖFFLER. Berlin 1992

Die Träume des Magiers. Hg. von EDDA FUHRICH und GISELA PROSSNITZ. Salzburg 1993

2. Veröffentlichungen der Reinhardt-Bühnen

a) Einzelveröffentlichungen

Neues Theater/Kleines Theater. (Prospektbuch.) Berlin o. J. [1903]

LEGBAND, PAUL (Hg.): Das Deutsche Theater in Berlin. München 1909

Das alte Spiel von Jedermann. Siebzehn Figurinen von Alfred Roller und sieben Schauspielerbildnisse. Bemerkungen von HUGO VON HOFMANNSTHAL. (= Aufführungen des Deutschen Theaters zu Berlin. Hg. von MAX REINHARDT.) Berlin 1912

Der Lebende Leichnam von Leo Tolstoi. Zwölf Bilder nach der Aufführung im Deutschen Theater von Max Reinhardt. Hg. von HERMANN ROSENBERG. Berlin 1913

Die grüne Flöte. Musik von Mozart. Inszenierung von Max Reinhardt. (Illustriertes Ballettlibretto.) Berlin o. J. [1916]

Lillebils Hochzeitsreise. Ägyptische Burleske in sieben Bildern von Ernst Stern. Musik von Bizet. Eingerichtet von Einar Nilson. Inszenierung von Max Reinhardt. (Illustriertes Ballettlibretto.) Berlin o. J. [1917]

Prima Ballerina. Musik von Offenbach. Inszenierung von Max Reinhardt. (Illustriertes Ballettlibretto.) Berlin o. J. [1917]

Denkschrift über die Gründung eines Deutschen Nationaltheaters in Berlin. Berlin o. J. [1917]

STERN, ERNST, und HEINZ HERALD (Hg.): Reinhardt und seine Bühne. Bilder von der Arbeit des Deutschen Theaters. Berlin 1918

HORCH, FRANZ (Hg.): Die Spielpläne Max Reinhardts 1905–1930. München 1930

ROTHE, HANS (Hg.): Max Reinhardt. 25 Jahre Deutsches Theater. München 1930

Fünfundzwanzig Jahre Schauspielschule des Deutschen Theaters zu Berlin. 1905 bis 1930. Eine Festschrift. Berlin 1930

Hoffmanns Erzählungen. Ein Sonderdruck der Deutschen Buch-Gemeinschaft anläßlich der Max Reinhardt-Inszenierung von Offenbachs Hoffmanns Erzählungen im Großen Schauspielhaus Berlin. Berlin o. J. [1931]

Max Reinhardt-Inszenierung Hoffmanns Erzählungen. (Libretto.) Berlin o. J. [1931]

Die schöne Helena. Von Jacques Offenbach in der Neugestaltung von Max Reinhardt (nach der Londoner Fassung). Buffo-Oper in zwei Teilen (8 Bildern) und einer szenischen Ouvertüre von Meilhac und Halévy unter Benutzung der Pariser Urfassung bearbeitet von Egon Friedell und Hans Sassmann. Musikalische Einrichtung von Erich Wolfgang Korngold. (Libretto.) Berlin 1931

Max Reinhardt Workshop of Stage, Screen and Radio in Hollywood (Prospektbroschüre.) o. O. u. J. [Los Angeles 1938]

Max Reinhardt Festivals. (Prospektbroschüre.) o. O. u. J. [Los Angeles 1938]

b) Periodika und Buchreihen

Das Theater. Illustrierte Halbmonatsschrift. Redigiert von CHRISTIAN MORGENSTERN. Jg. I–II. Berlin 1903–1905 – Kommentierte Faksimileausgabe. Hg. von LEONHARD M. FIEDLER und EDWIN FROBÖSE. Emsdetten 1981

Blätter des Deutschen Theaters. Geleitet von FELIX HOLLAENDER und ARTHUR KAHANE. Hg. vom Deutschen Theater. Jg. I–IV. Berlin 1911–1914 – Geleitet von HEINZ HERALD. Hg. vom Deutschen Theater. Jg. VII–XII. Berlin 1920–1925 – Geleitet von HARRY KAHN. Hg. vom Deutschen Theater. Jg. XIII. Berlin 1926 – Hg. vom Deutschen Theater. Jg. XIV. Berlin 1927

Das Junge Deutschland. Monatsschrift für Literatur und Theater. Hg. vom Deutschen Theater. Redaktion Arthur Kahane und Heinz Herald. Jg. I–III. Berlin 1918–1920 [= Jg. IV–VI der Blätter des Deutschen Theaters]

Blätter der Reinhardt-Bühnen. [Einzelne Hefte auch unter dem Titel: Blätter des Deutschen Theaters.] Spielzeit 1928/29, 1929/30: Hg. von Hans Rothe. Spielzeit 1930/31: Hg. vom Deutschen Theater. Spielzeit 1930/31 (ab Heft 3), 1931/32: Hg. von Franz Horch

Die Schauspieler im Theater in der Josefstadt unter der Führung von Max Reinhardt. (Programmzeitschrift.) Wien 1924–1938

Illustrierte Klassiker des Deutschen Theaters nach Inszenierungen von Max Reinhardt. Hg. von Hermann Rosenberg. Berlin 1912f
[Darin: Hamlet; Romeo und Julia; Sommernachtstraum; König Heinrich IV.; Der Kaufmann von Venedig; Viel Lärm um nichts; Emilia Galotti; Faust I; Faust II; Maria Stuart]

Die Bücher des Deutschen Theaters. Hg. von Heinz Herald und Hermann Rosenberg. Berlin 1920f
[Darin: Das große Schauspielhaus; Orestie; Faust I; Julius Caesar; Lysistrata; Götz von Berlichingen; Hamlet; Urfaust; Kaufmann von Venedig; Sommernachtstraum; Die Räuber; Orpheus in der Unterwelt]

3. Publikationen über Max Reinhardt

a) Monographien und Sammelwerke

Adler, Gusti: Max Reinhardt. Sein Leben. Salzburg 1964
...aber vergessen Sie nicht die chinesischen Nachtigallen. Erinnerungen an Max Reinhardt. München 1980

Baumgarten, Franz Ferdinand: Zirkus Reinhardt. Potsdam 1920

Bergmann, Ernst: Der Fall Reinhardt oder der künstlerische Bankrott des Deutschen Theaters zu Berlin. Berlin 1906

Bie, Oscar: Die Ballette des Deutschen Theaters. Berlin 1918

Böhm, Hans (Hg.): Die Wiener Reinhardt-Bühne im Lichtbild. Wien 1926

Boeser, Knut, und Renata Vatkova: Max Reinhardt in Berlin. Berlin 1984

Braulich, Heinrich: Max Reinhardt. Theater zwischen Traum und Wirklichkeit. 2. Aufl. Berlin 1969

Carter, Huntley: The theatre of Max Reinhardt. London 1914

Epstein, Max: Max Reinhardt. Berlin 1918

Études Germaniques, Jg. 29/1974, No. 1: Sonderheft Max Reinhardt. Paris 1974

Fiedler, Leonhard M.: Max Reinhardt und Molière. Text- und Bilddokumentation. Salzburg 1972

Fleischmann, Benno: Max Reinhardt. Die Wiedererweckung des Barocktheaters. Wien 1948

Frank, Bruno: Der Magier. [Schlüssel-Novelle über Max Reinhardt.] Berlin 1929

Freksa, Friedrich: Erwin Bernsteins theatralische Sendung. [Schlüsselroman über Max Reinhardt.] München 1913

Fuhrich-Leisler, Edda, und Gisela Prossnitz: Max Reinhardt in Amerika. Salzburg 1976
Fuhrich, Edda, und Gisela Prossnitz (Hg.): Max Reinhardt. «Ein Theater, das den Menschen wieder Freude gibt...» München 1987
Hadamowsky, Franz: Reinhardt und Salzburg. Salzburg o. J. [1964]
Herald, Heinz: Max Reinhardt. Ein Versuch über das Wesen der modernen Regie. Berlin 1915
Max Reinhardt. Bildnis eines Theatermannes. Hamburg 1953
Hofmannsthal, Hugo von: Jedermann. Das Spiel vom Sterben des reichen Mannes und Max Reinhardts Inszenierungen. Texte, Dokumente, Bilder. Vorgelegt unter Mitwirkung von Edda Leisler und Gisela Prossnitz. Frankfurt a. M. 1973
Huesmann, Heinrich: Welttheater Reinhardt. Bauten, Spielstätten, Inszenierungen. Mit einem Beitrag «Max Reinhardts amerikanische Spielpläne» von Leonhard M. Fiedler. München 1983
Jacobs, Margaret, und John Warren (Hg.): Max Reinhardt. The Oxford Symposium. Oxford 1986
Jacobsohn, Siegfried: Max Reinhardt. Berlin 1910 – Veränderte Aufl. Berlin 1921
In memoriam Max Reinhardt. Zürich 1944 [Nachrufe von Oskar Wälterlin, Felix Salten, Wolfgang Langhoff und Eugen Jensen]
Kindermann, Heinz: Max Reinhardts Weltwirkung. Wien 1969
Kläger, Emil: Das Gesamtwerk Max Reinhardts. Wien 1931
Klingenbeck, Fritz (Hg.): Max Reinhardts Theater in der Josefstadt. Salzburg 1972
Koeppler, Paul: Max Reinhardt auf der Probe. Im Spiegel der zeitgenössischen Autobiographien. Wien 1973 (= Maske und Kothurn, Jg. 19/1973, H. 2)
Kvam, Kela: Max Reinhardt og Strindbergs visionaere Dramatik. o. O. [Kopenhagen] 1974
Leisler, Edda, und Gisela Prossnitz (Hg.): Max Reinhardt und die Welt der Commedia dell'arte. Text- und Bilddokumentation. Salzburg 1970
Max Reinhardt in Europa. Salzburg 1973
Lothar, Ernst: Max Reinhardt. Wien 1947
Maske und Kothurn, Jg. 16/1970, H. 2: Sonderheft Max Reinhardt. Wien 1970
Maske und Kothurn, Jg. 19/1973, H. 3: Sonderheft Max Reinhardt. Wien 1973
Max Reinhardt. Sein Theater in Bildern. Hg. von der Max-Reinhardt-Forschungsstätte Salzburg. Velber 1968
Der Merker, Jg. 1/1910, H. 17: Sonderheft Max Reinhardt. Wien 1910
Midbøe, Hans: Max Reinhardts iscenesettelse av Ibsens Gespenster i Kammerspiele des Deutschen Theaters Berlin – Dekor Edvard Munch. Trondheim 1969
Niessen, Carl: Max Reinhardt und seine Bühnenbildner. Köln 1958
Parma, Clemens: Max Reinhardt. Ein Lebensbild. Bad Homburg v. d. H. 1959
Passow, Wilfried: Max Reinhardts Regiebuch zu Faust I. Untersuchungen zum Inszenierungsstil auf Grundlage einer kritischen Edition. 2 Bde. München 1971
Reinhardt, Gottfried: Der Liebhaber. Erinnerungen seines Sohnes Gottfried Reinhardt an Max Reinhardt. München 1973
Sayler, Oliver M. (Hg.): Max Reinhardt and his theatre. New York 1924
Schwarz, Helmut: Max Reinhardt und das Wiener Seminar. Wien 1973

STEFAN, PAUL: Max Reinhardt. Eines Künstlers Heimweg nach Wien. Wien 1923
STERN, ERNST: Bühnenbildner bei Max Reinhardt. Berlin 1955
STYAN, J. L.: Max Reinhardt. Cambridge 1982
Theatre Research, Jg. 5/1963, No. 3: Sonderheft Max Reinhardt. London 1963
Theatret, Jg. 20/1920, No. 4: Sonderheft Max Reinhardt. Kopenhagen 1920
THIMIG-REINHARDT, Helene: Wie Max Reinhardt lebte. Percha 1973
TISCHLER, VIKTOR: Max Reinhardt und seine Schauspieler. 20 Original-Steinzeichnungen. Geleitwort von RICHARD SPECHT. Wien 1924
WELLWARTH, GEORGE E., und ALFRED G. BROOKS (Hg.): Max Reinhardt 1873–1973. A centennial Festschrift of memorial essays and interviews. Binghamton, N. Y. 1973

b) Darstellungen und Erwähnungen in weiterem Zusammenhang

BAB, JULIUS: Das Theater der Gegenwart. Leipzig 1928
BEL GEDDES, NORMAN: Miracle in the evening. Garden City 1960
BERSTL, JULIUS: Zehn Jahre Kleines Theater. Ein Rückblick. Berlin 1911
EBERT, GERHARD: Schauspieler werden in Berlin. Von Max Reinhardts Schauspielschule zur Hochschule für Schauspielkunst Ernst Busch. Berlin 1987
EISNER, LOTTE: L'Ecran démoniaque. Influence de Max Reinhardt et de l'expressionisme. Paris 1952 – Erweiterte engl. Ausgabe: The haunted screen. Expressionism in the German cinema and the influence of Max Reinhardt. London – Los Angeles 1969 – Dt.: Die dämonische Leinwand. Frankfurt a. M. 1975
FIEDLER, LEONHARD M.: Hugo von Hofmannsthals Molière-Bearbeitungen. Die Erneuerung der comédie-ballet auf Max Reinhardts Bühnen. Darmstadt 1974
FIEDLER, LEONHARD M., und MARTIN LANG: Grete Wiesenthal. Die Schönheit der Sprache des Körpers im Tanz. Salzburg 1985
FREYDANK, RUTH: Theater in Berlin. Von den Anfängen bis 1945. Berlin 1988
FUHRICH, EDDA, und GISELA PROSSNITZ: Die Salzburger Festspiele. Ihre Geschichte in Daten, Zeitzeugnissen und Bildern. Bd. I. 1920–1945. Salzburg 1990
GREGOR, JOSEPH (Hg.): Meister und Meisterbriefe um Hermann Bahr. Wien 1947
Die Theaterregie in der Welt unseres Jahrhunderts. Große Regisseure der modernen Bühne. Wien 1958
GREUL, HEINZ: Bretter, die die Zeit bedeuten. Die Kulturgeschichte des Kabaretts. Köln 1967 – Neuausg. in 2 Bdn.: München 1971 (= dtv 743, 744)
GROHMANN, WALTER: Das Münchner Künstlertheater in der Bewegung der Szenen- und Theaterreform (Spielzeit 1909–1911). Berlin 1935
HOFMANNSTHAL, HUGO VON: Gesammelte Werke in Einzelausgaben: Aufzeichnungen. Frankfurt a. M. 1959 – Prosa III. 2. Aufl. Frankfurt a. M. 1964 – Prosa IV. 2. Aufl. Frankfurt a. M. 1966
HOLLAENDER, FELIX: Lebendiges Theater. Eine Berliner Dramaturgie. Berlin 1932
HOUGEN, PAAL, und URSULA PERUCCHI-PETRI: Munch und Ibsen (Katalog). Zürich 1976
JACOBSOHN, SIEGFRIED: Das Theater der Reichshauptstadt. München 1904
JAKLITSCH, HANS: Die Salzburger Festspiele. Bd. III. Verzeichnis der Werke und der Künstler 1920–1990. Salzburg 1991

JHERING, HERBERT: Regisseure und Bühnenmaler. Berlin 1921
Reinhardt, Jessner, Piscator oder Klassikertod? Berlin 1929
KAHANE, ARTHUR: Tagebuch des Dramaturgen. Berlin 1928
Die Thimigs. Theater als Schicksal einer Familie. Leipzig 1930
KAUT, JOSEF: Festspiele in Salzburg. Salzburg 1969 – Neuausg. München 1970 (= dtv 668)
KINDERMANN, HEINZ: Theatergeschichte Europas. Bd. VIII. Salzburg 1968
KOLB, ANNETTE: Festspieltage in Salzburg und Abschied von Österreich. Amsterdam 1938 – Veränderte Aufl. Frankfurt a. M. 1966
KRIEGER, PETER: Edvard Munch. Der Lebensfries für Max Reinhardts Kammerspiele. Berlin 1978
KRONACHER, ALWIN: Das Deutsche Theater zu Berlin und Goethe. Leipzig 1908
KUSCHNIA, MICHAEL (Hg.): 100 Jahre Deutsches Theater Berlin 1883–1983. Berlin 1983.
LOEWY, SIEGFRIED: Deutsche Theaterkunst von Goethe bis Reinhardt. Wien 1923
NIEMANN, CARSTEN (Bearb.), und LEONHARD M. FIEDLER (wiss. Ber.): Gertrud Eysoldt (1870–1955). Bilder aus einem Schauspielerleben. (Katalog.) Bensheim 1988
REICH, BERNHARD: Im Wettlauf mit der Zeit. Erinnerungen aus fünf Jahrzehnten deutscher Theatergeschichte. Berlin 1970
STERN, ERNEST: My life, my stage. London 1951
THOMSEN, CHRISTIAN W.: Leopoldskron. Frühe Historie. Die Ära Reinhardt. Das Salzburg Seminar. Siegen 1983
VIERTEL, BERTHOLD: Schriften zum Theater. Hg. von GERT HEIDENREICH. Berlin–München 1970
WALK, CYNTHIA: Hofmannsthals Großes Welttheater. Drama und Theater. Heidelberg 1980
WEISGAL, MEYER: ... So Far. An autobiography. New York 1971
WINDS, ADOLF: Geschichte der Regie. Berlin 1925
WINTERSTEIN, EDUARD VON: Mein Leben und meine Zeit. 2 Bde. Berlin 1942–1947 – Neuausg. in 1 Bd.: Berlin 1951

4. Kritikensammlungen

CLAUS, VOLKMAR (Hg.): Max Reinhardt im Spiegel der Wiener Theaterkritik. Dokumentation ausgewählter Theaterkritiken. In: Maske und Kothurn, Jg. 14/1968, H. 2. Wien 1968
FETTING, HUGO (Hg.): Von der Freien Bühne zum Politischen Theater. Drama und Theater im Spiegel der Kritik. 2 Bde. Leipzig 1987
GOLDMANN, PAUL: Aus dem dramatischen Irrgarten. Polemische Aufsätze über Berliner Theateraufführungen. Frankfurt a. M. 1905
Vom Rückgang der deutschen Bühne. Polemische Aufsätze über Berliner Theater-Aufführungen. Frankfurt a. M. 1908
Literatenstücke und Ausstattungsregie. Polemische Aufsätze über Berliner Theater-Aufführungen. Frankfurt a. M. 1910
JACOBSOHN, SIEGFRIED: Das Jahr der Bühne. Bd. I–X. Berlin 1912–1921
Jahre der Bühne. Hg. von WALTHER KARSCH und GERHART GÖHLER. Reinbek 1965 (= RP 42)

Jaron, Norbert, Renate Möhrmann und Hedwig Müller: Berlin – Theater der Jahrhundertwende. Bühnengeschichte der Reichshauptstadt im Spiegel der Kritik (1889–1914). Tübingen 1986

Jhering, Herbert: Von Reinhardt bis Brecht. Vier Jahrzehnte Theater und Film. 3 Bde. Berlin 1961 – Neuausg. hg. von Rolf Badenhausen in 1 Bd.: Reinbek 1967 (= RP 55)

Kerr, Alfred: Die Welt im Drama. 5 Bde. Berlin 1917 – Neuausg. hg. von Gerhard F. Hering in 1 Bd.: Köln–Berlin 1954

Polgar, Alfred: Ja und Nein. 4 Bde. Berlin 1926–1927 – Veränderte und ergänzte Neuausg. hg. von Wolfgang Drews in 1 Bd.: Hamburg 1956

Rühle, Günther: Theater für die Republik. 1917–1933. Im Spiegel der Kritik. Frankfurt a. M. 1967

Stümcke, Heinrich: Die vierte Wand. Theatralische Eindrücke und Studien. Leipzig 1904

Modernes Theater. Eindrücke und Studien. Berlin 1907

NACHBEMERKUNG

Am 7. November 1974 starb Helene Thimig-Reinhardt. Sie hat das Entstehen dieses Buches bis zuletzt wohlwollend begleitet und meine Arbeit durch die Genehmigung, unpublizierte Äußerungen Max Reinhardts zu zitieren und durch die Überlassung von Bildmaterial bereichert. Ihr und den zahlreichen Verwandten und ehemaligen Mitarbeitern Max Reinhardts, den Freunden, Wissenschaftlern und Sammlern und den öffentlichen Archiven, die mir geholfen haben, möchte ich danken. Stellvertretend seien genannt: Frau Augusta C. Adler, Herr Hugo Fetting, Herr J. Hellmut Freund, Hofrat Prof. Dr. Franz Hadamowsky, Dr. Heinrich Huesmann, Frau Therese Nickl, Frau Eva Roth; Archiv des Deutschen Theaters, Berlin; Märkisches Museum, Berlin; Landesarchiv Berlin; Max Reinhardt Archive, Binghamton, N. Y.; Theatersammlung der Universität Hamburg; Staatsarchiv Potsdam; Princeton University Libraries; Max Reinhardt Forschungs- und Gedenkstätte, Salzburg; Österreichische Nationalbibliothek, Wien; Stadtarchiv Wien. Ebenso danke ich allen öffentlichen Archiven und privaten Leihgebern, die Bildmaterial zur Verfügung gestellt haben.

LEONHARD M. FIEDLER

NAMENREGISTER

Die kursiv gesetzten Zahlen bezeichnen die Abbildungen

ÜBER DEN AUTOR

Leonhard M. Fiedler, geboren am 19. März 1942 in München. Humanistisches Gymnasium; Abitur 1961. 1961 bis 1967 Studium der Germanistik, Romanistik, Vergleichenden Literaturwissenschaft und Theaterwissenschaft in München, Paris und Frankfurt a. M. 1966 Licence ès Lettres (Sorbonne). 1971 Promotion zum Dr. phil. (Frankfurt a. M.). Seit 1972 Professor für Deutsche und Vergleichende Literaturwissenschaft (Universität Frankfurt a. M.). Gastprofessuren an der University of Cincinnati (1972) und an der University of California at San Diego, La Jolla (1983). Mitglied der Deutschen Akademie der Darstellenden Künste. Literatur- und theaterwissenschaftliche Veröffentlichungen u. a. zu Molière, Goethe, Nestroy, Hofmannsthal, Sternheim, Kafka. Ca. 30 Buch- und Aufsatzpublikationen bzw. Vorträge über Max Reinhardt, darunter: «Max Reinhardt und Molière» (1972), «Kalifornische Festspiele» (1973), «Max Reinhardt im Exil» (1973), «Max Reinhardt inventeur d'une nouvelle vision de Molière, ou la Renaissance des Fêtes» (1974), «Theater als Kollaboration. Drama und Regie im gemeinsamen Werk von Hugo von Hofmannsthal und Max Reinhardt» (1974), «Reinhardt-Renaissance? Eine Bilanz des Reinhardt-Jahres» (1974), «‹. . . dem wirklichen Regisseur›. Hugo von Hofmannnsthals Briefe an Max Reinhardt» (1977), «Musik im ‹Zirkus Reinhardt›» (1979), «Max Reinhardts amerikanische Spielpläne» (1983), «Neues vom frühen Reinhardt» (1983), «Reinhardt, Shakespeare and the ‹Dreams›» (1986), «Die Überwindung des Naturalismus auf der Bühne» (1991), «‹Bleiben doch die ewgen Juden›. Max Reinhardts Exil» (1991), Salzburg in New York. Max Reinhardts jüdisches Welttheater» (1992).

QUELLENNACHWEIS DER ABBILDUNGEN

Institut für Theaterwissenschaft, Universität Köln: 6, 93 / Eva Roth: 10, 11, 50 / Leonhard M. Fiedler: 13, 14, 21, 32, 33, 39, 54, 55, 56, 57, 63, 66, 72, 73, 79, 82, 94, 103, 108, 109, 115, 119, 120, 123, 128 / Österreichische Nationalbibliothek, Wien: 16, 18, 45, 83, 101, 102, 111 / Prof. Helene Thimig-Reinhardt: 19, 46, 65, 98, 112, 125 / Ullstein-Bilderdienst Berlin: 23, 24, 52 / Märkisches Museum, Berlin: 35, 36 / Aus: Shakespeare, «Ein Sommernachtstraum» (Klassiker des Deutschen Theaters). Berlin o. J.: 41, 43 / Max Reinhardt Archive, State University of New York at Binghamton: 48/49, 80, 88/89, 100, 116 / Aus: Julius Bab, «Das Theater der Gegenwart». Leipzig 1928: 53, 97 / Ernst Matray: 59 / Michael Thomas: 60 / Henry Kahane: 61 / Augusta C. Adler: 62, 107, 129 / Rudolf Hirsch: 67 / Photo Ellinger, Salzburg: 69, 105 / Henry Marx: 76 / Aus: Denis Bablet, «Esthétique générale du décor du théâtre de 1870 à 1914». Paris 1965: 86/87 / Prof. Fritz Klingenbeck: 90 / Aus: Franz Hadamowsky, «Reinhardt und Salzburg». Salzburg 1964: 131.